W0183804

COLLECTION MANIFESTE

Une personnalité s'engage pour une valeur et réunit autour d'elle auteurs, artistes, philosophes, hommes et femmes d'action... qui ont nourri son œuvre ou qui, par leur parcours, font écho à l'idée qu'elle défend.

manifeste

DEVENIR HUMAINS

–

YVES COPPENS

et

André Pichot - Marylène Patou-Mathis - Hervé Le Bras
Gilles Pison - Évelyne Heyer - André Langaney
Sylviane Agacinski - Gilles Bœuf
Lilian Thuram - Cécile Aufaure

–

Illustrations de Camille Chevrillon

SOMMAIRE

-

• P. 6 •
YVES COPPENS
DEVENIR HUMAINS

-

ET SES INVITÉS

• P. 42 •
ANDRÉ PICHOT
SE CONNAÎTRE ET S'INVENTER

-

• P. 54 •
MARYLÈNE PATOU-MATHIS
LA CONQUÊTE DE L'HUMAIN

-

• P. 64 •
HERVÉ LE BRAS
L'INVENTION DES POPULATIONS ET DES RACES

-

• P. 75 •
GILLES PISON
7 MILLIARDS D'HOMMES. SOMMES-NOUS TROP NOMBREUX SUR TERRE ?

-

• P. 86 •
ÉVELYNE HEYER
COMMENT DEVIENT-ON HUMAIN ?

-

• P. 96 •
ANDRÉ LANGANEY
POUR UN MUSÉE DE L'ANIMAL HUMAIN

-

• P. 106 •
SYLVIANE AGACINSKI
VERS L'HUMAIN

-

• P. 116 •
GILLES BŒUF
VERS UNE SOCIÉTÉ DE COOPÉRATION ?

-

• P. 127 •
LILIAN THURAM
UN ÊTRE DE LIEN

-

• P. 136 •
CÉCILE AUFAURE
PRENDRE CONSCIENCE DE SA PLACE DANS LE VIVANT EN VISITANT LE MUSÉE DE L'HOMME

-

-

YVES COPPENS

DEVENIR HUMAINS

-

Une amie me racontait qu'un jour de congé, un dimanche peut-être, elle avait demandé à sa fille de 6 ans ce qui lui ferait plaisir; voulait-elle aller se promener, au cinéma, au cirque, au zoo, aux manèges, et la petite aurait répondu: « Maman, je voudrais aller à la manif !» C'est dire que, pour cette génération, la manif est une distraction, un loisir, un endroit où on rencontre des gens, où on défile avec des drapeaux ou des banderoles en chantant, un endroit où on s'amuse...

Comme un manifeste est une déclaration faite à un certain public, une explication, une exposition toujours claire, « manifestement » évidente, parfaitement apparente d'une situation (en anglais une manifestation se dit « démonstration »), je prendrai l'invitation qui m'est faite et qui m'honore dans les deux sens qui évidemment pour moi se confondent, une déclaration et un enthousiasme, une déclaration enthousiaste.

Manifestons donc ensemble pour le musée de l'Homme et célébrons l'humanité, comment elle s'est faite, ce qu'elle est et ce qu'elle peut devenir.

Voici donc justifiée, s'il en était besoin, la question du si joli mot « manifeste », un beau mot, un grand mot. Mais ce n'est pas tout... il faut savoir maintenant que son titre réfléchi, débattu et choisi a été « devenir humain ». Pour moi qui ai l'honneur d'être le pivot du manifeste, moi qui ai la manie de prendre le plus grand recul qui soit, de quelque sujet qu'il s'agisse, il n'y avait pas meilleure option. Être humain est un état, devenir humain est tout un processus, toute une histoire.

L'ÉLAN COSMIQUE

Recommençons donc, avec gourmandise, notre petite rengaine ; comme l'être humain est un être vivant, pour connaître son histoire et savoir comment, en effet, il l'est devenu, il nous faut connaître l'histoire de la Vie et comme la Vie est apparue sur la Terre, disons au moins dans le système solaire – la Terre aurait alors été ensemencée –, il nous faut comprendre l'histoire de ce système stellaire et comme, bien sûr, ce système fait partie d'une galaxie qui elle-même a fait partie d'une de ces grandes structures en «pancakes » qu'on imagine au moment où on perçoit l'Univers, il nous faut raconter l'histoire de cet Univers, le nôtre (au cas où il y en aurait d'autres), pour arriver, en quelques enjambées, aux limites de notre connaissance, aux alentours de 14 milliards d'années, moment où nous percevons pour la première fois la matière.

Nous ne connaissons pas l'origine de l'Univers ; c'est une question ouverte, disent les astrophysiciens, qui se justifient en expliquant qu'avant cette mesure de 14 milliards d'années, tout est, pour le moment, opaque ! Mais dès que nous percevons quelque chose, ce que l'on appelle une matière inerte, très simple, très désordonnée, très dense, très chaude, très lumineuse, on peut en suivre l'histoire, sans interruption, jusqu'au jour de l'écriture de ce texte et probablement demain. On appelle ces premiers petits objets de matière inerte des quarks, et à partir du moment où ces quarks sont perceptibles, on peut les décrire en changement perpétuel dans un milieu aux lois physiques qui, elles, ne changent pas ! Et le changement des quarks les conduit vers d'autres formes de matière inerte mieux organisées mais plus compliquées, les nucléons (électrons, protons, photons) en expansion et dotés de moins de densité, de moins de chaleur, de moins de lumière. Il ne faut pas croire que ce propos nous éloigne de notre sujet, car cette matière, dans son obsession à changer sans cesse vers mieux organisé et plus compliqué, ne s'apaisera pas et l'être humain va faire partie intégrante, quand son temps sera venu, de cette même frénésie d'organisation et de complication.

Aux côtés d'une des lois de la thermodynamique qui dit le contraire, il y a ce pied de nez de la matière qui se saisit du temps comme d'une énergie et ne cesse de changer dans une direction, un sens, 14 milliards d'années durant ; or il est évident que ce qui a un sens a du sens ! Et les particules vont bientôt changer et s'organiser en atomes plus compliqués, les atomes en molécules encore plus complexes tandis que leurs structures en « pancakes » vont se défaire et se diviser en galaxies qui vont fabriquer des étoiles, étoiles qui s'entoureront, chacune, de la matière qu'elles n'auront pu utiliser et qui composera leur auréole de planètes, comètes, météorites... !

Comme chacun sait, le Soleil est une étoile, une des très nombreuses étoiles d'une galaxie, élégamment nommée Voie lactée ; notre galaxie en a accouché il y a environ 4,6 milliards d'années et sa durée de vie – car les étoiles naissent, vivent et meurent – est estimée au double de son âge actuel, 10 milliards d'années peut-être. Notre Soleil est donc à peu près à la moitié de son temps d'existence, à la moitié de sa vie ; il convient d'y songer pour l'avenir de la Terre, c'est-à-dire pour notre propre avenir, à moins qu'on ne quitte notre planète quand il en sera encore temps. La Terre, la nôtre, est donc une des planètes de ce système stellaire, dit solaire, et elle a par conséquent le même âge, 4,6 millards d'années.

Au fur et à mesure de son refroidissement, la Terre dégaze, mais comme elle demeure très exposée à tous ces objets du ciel qui la percutent, elle reçoit d'autres gaz d'ailleurs et de l'eau d'autres «objets», notamment des comètes. Si l'on prend en considération sa masse, celle du Soleil et la distance de 1,5 million de kilomètres qui les sépare, l'enveloppe de gaz peu à peu réalisée qui l'entoure et les volumes d'eau peu à peu constitués qui la couvrent s'organisent en 5 à 600 millions d'années en atmosphère et océans qui, grâce à la gravitation, ne la quitteront plus. À 4 milliards d'années, son eau et son gaz lui ont été, en quelque sorte, livrés.

L'ÉLAN BIOLOGIQUE

La matière, toujours avide de changements et obsédée par son idée de faire mieux organisé et plus compliqué, va sélectionner le milieu aquatique qui lui convient pour fabriquer des cellules à partir d'agrégats de molécules. Et ces cellules, représentant un nouvel état de la matière, vont se constituer en unités, en entités, entourées d'une membrane, avec un intérieur et un extérieur, susceptibles d'échanger de la matière et de l'énergie entre elles et avec l'environnement, et dotées du caractère étrange et nouveau de reproduction. Cette obsession de faire plus compliqué et plus organisé, dès que l'occasion s'en présentait, n'a jamais échappé à la matière qui d'« inerte » s'est ainsi faite « vivante ».

On est toujours dans la même histoire continue, mais avec un changement notable de statut puisque, cette fois, la matière réalisée, un tout petit peu plus organisée, un tout petit peu plus compliquée, se reproduit. « *Sometimes, more is different!* » Et comme cette matière vivante, très malléable, très inventive, va s'adapter aux différents milieux qu'elle va rencontrer – en l'occurrence, à cette époque, tous aquatiques –, elle va se diversifier de manière extraordinaire, on pourrait dire extravagante, avec beaucoup de bricolages et de fantaisies, de trucs, d'astuces ; l'être vivant et l'environnement dans lequel cet être vit constituent le couple qui fait sens. Mais comme cette histoire est toujours étrangement paradoxale, au premier paradoxe, de mieux en mieux organisé mais de plus en plus compliqué, va s'en ajouter un nouveau, de plus en plus diversifié (biodiversité) mais de mieux en mieux contrôlé : l'ARN, puis l'ADN construisent l'hérédité qui freinera la nature dans sa folie créatrice. Cette matière n'en perd pas pour autant son obsession de conservation à tout prix de la nouvelle forme inventée que l'on appelle espèce et dont elle ne cessera d'améliorer les conditions de survie. Les spores, par exemple, se feront graines, offrant plus de résistance à l'humidité, l'œuf se fera placenta, mieux protégé contre la prédation ou tout simplement les humeurs du climat. Et d'unicellulaires dès 4 milliards d'années à pluricellulaires vers 2 milliards et puis au travers des règnes végétal et animal, invertébré et vertébré, 3,5 milliards d'années dans l'eau, puis, depuis 500 millions d'années, dans l'eau et dans l'air, l'arbre de la Vie va s'épanouir de manière étonnante et lutter sans cesse pour sa survie. Et nous voilà embarqués dans une histoire aux mille inventions admirables mais sous le contrôle incessant de la génétique.

Nous n'oublions évidemment pas notre objectif « devenir humain » ; à chaque carrefour, il nous faut donc, pour ce manifeste, choisir une voie ; pour être savant, on dira que ce sont successivement celles des Eucaryotes, des Métazoaires, des Chordés, des Vertébrés, des Gnathostomes, des Sarcoptérygiens, des Tétrapodes, des Amniotes, des Synapsides, des Mammifères, des Primates, des Haplorhiniens, des Simiiformes, des Catarrhiniens, des Hominoïdés, des Hominidés, des Homininés et des Hommes. Mais pour être plus simple, tout en suivant la même voie, je dirai que les premiers Vertébrés, les premiers êtres à squelette interne (plus résistant et plus souple), dont nous faisons partie, sont pour le moment datés de 535 millions d'années. Ils sont dans l'eau et ont été découverts en Chine ; les premiers Tétrapodes terrestres à poumons, auxquels nous appartenons aussi, ont été retrouvés (leurs empreintes) dans une île de l'Atlantique nord, à l'ouest de l'Islande, et ont été datés de 360 millions d'années ; puis, précédés par un groupe particulier

Crâne de Cro-Magnon, dit «Le Vieillard»

de Reptiles, que l'on appelle Reptiles mammaliens, apparaissent vers 200 millions d'années les Mammifères, dont nous faisons bien sûr aussi partie; d'abord ovipares, ce n'est que vers 100 millions d'années qu'ils diversifient leur reproduction en inventant la poche marsupiale (Métathériens) ou la «poche» placentaire (Euthériens) et c'est de ces derniers inventeurs, à la physiologie beaucoup plus rapide, que nous descendons. Et c'est d'un des groupes de ces mammifères placentaires, les Insectivores, que va se détacher l'ordre des Primates, celui qui va réunir petits singes, grands singes et humains à partir de 70 millions d'années; ces Insectivores malins, ayant compris tout le parti qu'ils pouvaient tirer d'une «niche» écologique disponible, celle des arbres à fleurs et donc à fruits, les Angiospermes, apparus peu de temps auparavant, s'en sont emparés, s'y sont installés, comme c'est la règle dans ce monde vivant, s'y sont adaptés et ont ajouté des fruits aux insectes de leur quotidien; ceci a exigé une migration des yeux en façade pour apprécier la dimension de l'espace, une opposabilité des doigts (1er rayon sur les 4 autres) aux mains et aux pieds pour faciliter la saisie, la transformation de griffes en ongles et le développement des clavicules pour permettre un grimper plus aisé et plus ample, 44 dents, soit 22 par demi-mâchoire, aux morphologies adéquates pour la consommation susdite et un certain développement du cerveau pour gérer ces nouvelles fonctions, cette nouvelle vie, ce nouveau milieu, cette nouvelle alimentation et son appréciation. Descendre d'un «ordre» dont le génie a consisté à inventer la vie dans les arbres à fleurs et à en déguster les maturations est déjà une originalité et dans une certaine mesure une vraie fierté de notre histoire!

L'ÉLAN FAMILIAL

C'est au sein et au cours du bel épanouissement des Primates que vont naître de grands singes à l'immense destinée, puisque ce sont certains de leurs descendants qui vont devenir humains ; ils n'ont pas de noms, ce qui est un comble, car, en dehors de portraits-robots fluctuants en fonction des découvertes, on ne les connaît pas encore ; on sait qu'ils ont environ 10 millions d'années, qu'ils vivent en Afrique, sous les tropiques, essentiellement en forêt, ce qui est déjà beaucoup, et qu'ils vont avoir au moins deux grands groupes de descendants qui se dessineront en fonction du milieu dans lequel ils naîtront. Un changement climatique va alors survenir, divisant les tropiques en zones forestières denses et en zones mixtes (ce que l'on appelle un peu maladroitement mosaïques), faites de forêts moins denses et d'espaces découverts. Comme tous les êtres vivants de la Terre, ces descendants devront s'adapter à ces nouveaux milieux pour survivre et plus simplement vivre et prospérer ; ce seront les Préchimpanzés dans le milieu couvert et les Préhumains dans le milieu moins couvert.

Ce sont bien sûr ces derniers qui nous intéressent ici et, pour mieux suivre leur évolution (c'est en ce sens que le terme mosaïque n'est pas l'idéal, car il rend mal compte d'environnements et d'êtres qui changent), nous les diviserons artificiellement en Préhumains anciens (de 10 millions d'années à 4 millions d'années), Préhumains «moyens» (de 4 millions à 3 millions d'années) et Préhumains récents, contemporains des premiers Humains (de 3 millions d'années à 1 million d'années) ; ce découpage est, comme nous l'avons dit, artificiel, mais il s'efforce de suivre une certaine évolution du climat. Cette ouverture du milieu, qui a commencé il y a 10 millions d'années et qui se fait par à-coups, sans rythme, va en effet s'accuser il y a 4 millions d'années et s'accuser encore il y en a 3 millions pour entraîner, à chaque pulsation, des nouveautés dans les adaptations des Préhumains.

Historiquement, le premier Préhumain a été découvert en 1924 (et publié en 1925) en Afrique du Sud, suivi dans les années 1930 et 1940 d'une belle collection d'autres découvertes en Afrique du Sud et de quelques ramassages en Afrique de l'Est, puis d'une reprise féconde et brillante dans les années 1960 et 1970 en Afrique du Sud et de l'Est puis, après un léger fléchissement dans les années 1980, d'une reprise passionnante, efficace et mieux ciblée depuis les années 1990, à la fois dans le temps, puisque les découvertes vont concerner des périodes très anciennes (5 à 7 millions d'années), et dans l'espace, puisque l'Afrique centrale (avec le Tchad) viendra s'ajouter aux provinces précédentes.

Ces Préhumains sont tous tropicaux, tous africains, bien inféodés à ce milieu mixte entre le sable et les arbres, qui s'enroule du nord (Tchad) au sud (Afrique du Sud) autour de la forêt dense, humide, qui accompagne elle-même le golfe de Guinée.
Parlons donc d'abord des Préhumains anciens. Nous avons la chance d'en connaître trois genres et quatre espèces : *Sahelanthropus tchadensis* (Toumaï), de 7 millions d'années du Tchad, *Orrorin tugenensis*, de 6 millions d'années du Kenya, et *Ardipithecus kadabba* (5,6 millions d'années) et *Ardipithecus ramidus* (4 millions et demi d'années) de l'Éthiopie. Tous les quatre nous racontent la même histoire extraordinaire, celle d'un choix extravagant d'adaptation à cet environnement mixte, moins couvert (forêt claire),

parfois vraiment découvert (beaucoup de graminées parmi les pollens) : le redressement du corps ! Drôle d'histoire, mais par laquelle il convient de passer pour « devenir humain ». Nous nous sommes donc mis sur deux pattes au lieu de quatre parce que le climat avait changé et, de même qu'il y a 70 millions d'années les Primates avaient dû ajouter à leur menu des fruits aux insectes, cette fois, il y a donc environ 10 millions d'années, ils ajoutèrent des racines aux fruits et, comme pour cela il leur fallait parcourir les espaces ouverts et continuer à fréquenter les zones boisées, ils se mirent en effet debout et devinrent bipèdes tout en continuant à grimper. *Ardipithecus ramidus* a, par exemple, conservé dans le tendon de son pouce de pied le petit os sans articulation que l'on appelle *peroneum* (les chimpanzés ne l'ont pas gardé) et qui, chez les petits singes « d'avant », servait à s'élancer d'un arbre à un autre, alors que chez les Préhumains, il va aider à mieux poser le corps désormais debout. Mais ce pouce de pied n'en demeure pas moins opposable pour se saisir, le cas échéant, de branches. Le bassin d'*Ardipithecus ramidus* est lui aussi partagé entre l'arboricolisme d'avant (sa partie basse a de fortes attaches pour les muscles des cuisses) et le bipédisme (la partie haute). *Orrorin tugenensis* a conservé sur ses fémurs les reliefs pour les insertions des *gluteus maximus* (les fesses, typiques des Hominidés debout) et sur ses humérus les arêtes de fixation du muscle *brachioradialis* (typique des Primates arboricoles).

Nous n'en savons pas beaucoup plus, mais tout de même assez pour nous étonner de l'inventivité de ces Préhumains anciens, et l'admirer : redressement du corps, avec tout ce que cela entraîne « sur le moment » et dans l'avenir ; changement de position de la tête sur la colonne vertébrale, déverrouillage du crâne et du même coup de l'endocrâne ; changement consécutif du regard : au lieu de ne regarder (d'en haut) qu'en bas, le Préhumain voit désormais parfois l'horizon et le ciel ; installation des courbures de la colonne vertébrale (lordose cervicale, cyphose thoracique, lordose lombaire, cyphose sacrée), ressort et amortisseur du corps redressé ;

changement de forme du bassin, plus court de haut en bas et par suite plus large de gauche à droite, sous la pression du portage d'une partie importante du corps et des organes qu'elle contient (qui chez les quadrupèdes se situaient en avant du bassin), ce que l'on l'appelle un bassin en pression ; allongement du membre (postérieur) inférieur, réduction du membre (antérieur) supérieur. Et cette nouvelle anatomie entraîne évidemment une nouvelle organisation de ses fonctions ; le nouveau port, par exemple, dans sa modification du bassin, se heurte à la mécanique obstétricale de l'accouchement ; il y eut alors conflit entre redressement du corps et parturition. L'accouchement compliqué des femmes (anté-ischiatique), avec « pirouette » du bébé pour qu'il se présente comme il faut à la « sortie », est un bricolage pour ne contrarier ni la station debout, ni bien sûr la reproduction. Ce fut aussi un événement important pour « devenir humain ». Et pour gérer toute cette nouvelle mécanique et les nouveaux comportements qu'elle entraîne, une transformation sûrement importante du cerveau s'est faite, bien qu'extérieurement sa capacité n'ait guère augmenté.

Vers 4 millions d'années, le climat va encore changer et il va changer dans le sens de l'assèchement et de l'ouverture consécutive du paysage ; ce phénomène commencé, comme on l'a vu, aux alentours de 10 millions d'années (avec, pour conséquence, la division des descendants des ancêtres que nous partageons avec les chimpanzés) va ainsi se développer, s'accentuer, par phases successives et irrégulières ; 4 millions d'années est donc une de ces dates ; les plantes changent, celles dites en C4 (différentes proportions des isotopes du carbone) se développent au détriment de celles en C3 ; les animaux changent : les mangeurs de feuilles cèdent la place aux mangeurs d'herbe. Et les membres de notre famille vont bien sûr également changer. Les Préhumains anciens, *Sahelanthropus*, *Orrorin*, *Ardipithecus*, vont disparaître pour laisser la place (remplacement ou filiation) aux Australopithèques et aux Kenyanthropes, que l'on peut appeler Préhumains « intermédiaires » ou « moyens »

Plaquette gravée, Japon, Néolithique

ou « classiques ». Alors que les Préhumains anciens montraient peu de dimorphisme sexuel puisqu'ils étaient encore protégés par la forêt, ces Préhumains intermédiaires vont développer ce dimorphisme de manière très importante, comme tous les Primates de paysages ouverts exposés à la prédation, les femelles graciles et les petits nécessitant, dans leur exposition soudaine, la protection de mâles plus puissants. Il est clair par ailleurs que, dans leur denture et leur « calibre », ces Préhumains deviennent plus agressifs tandis que, dans leur locomotion bipède, qu'ils partagent toujours avec un arboricolisme actif, ils n'en deviennent pas moins meilleurs marcheurs et meilleurs coureurs.

Ces Préhumains intermédiaires se rencontrent de l'Afrique centrale à l'Afrique méridionale en passant bien sûr par l'Afrique orientale, avec la merveilleuse diversité biologique dont est capable la nature ; c'est *Australopithecus bahrelghazali* du Tchad (dit Abel) de 3,5 millions d'années, *Australopithecus anamensis* du Kenya et d'Éthiopie, d'au moins 4 millions d'années, *Australopithecus afarensis* (dont Lucy de 3,2 millions d'années et Selam de 3,4 millions d'années) d'Éthiopie, du Kenya et de Tanzanie d'au moins 3 900 000 ans, *Kenyanthropus platyops* du Kenya, de 3,5 millions d'années, *Australopithecus prometheus* d'Afrique du Sud, de 3,7 millions d'années. Ce sont donc des Hominidés plus grands que les Préhumains anciens, à la denture tendant vers la réduction de la taille des prémolaires et molaires (*Kenyanthropus platyops*) ou vers leur augmentation (*Australopithecus bahrelghazali, Australopithecus afarensis*), au cerveau de volume toujours modeste et à la double locomotion habituelle, alors que certains ont peut-être déjà inventé la bipédie exclusive (*Australopithecus anamensis*).

DEVENIR HUMAIN

Trois millions d'années ! Ce n'est pas tout à coup une horloge qui sonne mais presque, en tout cas c'est commode parce que c'est un chiffre rond : nouveau changement climatique dans le même sens ou, disons, nouvelle phase dans cet assèchement commencé il y a 10 millions d'années.

Les arbres diminuent, en nombre, en densité, en essences, les graminées augmentent en nombre, en importance, en espaces conquis, et toute la faune s'agite pour trouver des solutions pour survivre ; les Proboscidiens (éléphants), les Équidés (chevaux), les Rhinocérotidés (rhinocéros), les Suidés (cochons) augmentent le volume de leurs dents car elles s'usent plus à manger de l'herbe qu'à manger des feuilles ; certains d'ailleurs n'y parviennent pas et s'éteignent (mastodontes). Les petits singes s'en vont, les antilopes et les rongeurs de brousse et de marigots sont remplacés par des antilopes et des rongeurs de prairies et de sables et les Hominidés, évidemment confrontés aux mêmes problèmes, vont faire preuve d'une belle « imagination » et « proposer » cinq solutions, en jouant sur la stature pour une dissuasion physique face à la dent du prédateur, sur une alimentation nouvelle et l'équipement pour la consommer, sur une locomotion « améliorée » et la mécanique adéquate pour la rendre plus efficace et sur un cerveau plus performant pour « réfléchir à tout ça », ou dissuasion intellectuelle. Voici les cinq parades de notre famille ; la première se nomme *Australopithecus garhi*, n'est connue que de l'Afar (nord-est de l'Éthiopie), niche écologique sans doute un peu particulière ou géographiquement suffisamment séparée des autres pour avoir entraîné cette dérive génétique ; cet Australopithèque-là a une denture postcanine importante et un gros crâne pour la porter mais un petit cerveau ; la deuxième est une filiation de puissants Hominidés, *Paranthropus aethiopicus-Paranthropus boisei*, dans le reste de l'Afrique de l'Est (sud de l'Éthiopie, Kenya, Tanzanie, Malawi) ; faute de pouvoir disposer de l'alimentation végétarienne antérieure disparue, ces « cousins » vont en effet développer une denture spectaculaire, batterie antérieure rectiligne d'incisives et canines pour couper et batteries latérales de prémolaires et molaires énormes pour mastiquer les végétaux fibreux qui restent, avec bien sûr la musculature (temporaux, masséters, ptérygoïdiens) qui va avec, mais un petit cerveau ; la troisième est une forme comparable mais pas semblable d'Afrique du Sud, *Paranthropus robustus*, au développement physique et dentaire parallèle mais probablement sans filiation avec les *Paranthropus* est-africains, mais un petit cerveau ; la quatrième est une filiation beaucoup plus gracile, *Australopithecus africanus-Australopithecus sediba*, en Afrique du Sud, qui va améliorer sa marche et sa course tout en restant grimpeur, mais avec un petit cerveau ; la cinquième est une forme petite, ne grimpant plus, marchant et courant beaucoup mieux, à denture d'omnivore et cerveau plus volumineux, plus développé, plus compliqué, mieux irrigué, en Afrique de l'Est ; c'est l'Homme, le genre *Homo*, le genre humain.

Toute cette broderie merveilleuse de la nature autour du thème de l'adaptation au changement climatique est tout à fait exemplaire ; son obsession est de sauver l'espèce, les espèces, la famille et de faire avec ce que l'on a (la petite valise génétique de base) en y ajoutant la sélection de quelques mutations nouvelles et en privilégiant une fonction locomotrice ou une autre, un comportement alimentaire ou un autre, un organe ou un autre. Le genre humain s'est

ainsi distingué par sa « grosse tête », simplement parce que son choix pour survivre a été de mieux réfléchir pour trouver des stratégies afin d'échapper, dans des terrains très découverts, aux prédateurs. C'est tout !
Mais c'est précisément ce « tout » qui va tout changer, changer les Hominidés qui viennent de bénéficier de cette tombola. Devenus omnivores, ils vont manger de la viande et apporter à leur organisme, notamment à leur cerveau, des protéines animales (souvenons-nous des menus : des insectes et des fruits il y a 70 millions d'années, puis des fruits et des racines il y a 10 millions d'années ; cette fois, il y a 3 millions d'années, ce sont un peu d'insectes peut-être, un peu de fruits s'il en reste, des racines bien sûr et du gibier de manière désormais courante ; leurs restes jonchent les sols d'habitats de ces premiers humains). Le développement du cerveau, qui pense mieux, va passer, de manière pirate, un certain niveau de complexité, un certain niveau de conscience : l'Homme sait qu'il sait, il pense, il réfléchit, il anticipe. La température et la sécheresse ont en outre entraîné la transformation de ses voies respiratoires supérieures, puisque respirer est essentiel ; la conséquence anodine a été la descente du larynx et l'aménagement d'une caisse de résonance entre le larynx et la bouche ; mais, une nouvelle conséquence « pirate », la position basse du larynx, combinée à l'approfondissement du palais, à la réduction de la symphyse de la mandibule et à la libération consécutive de la langue, va autoriser l'Homme à articuler. Si l'Homme réfléchit et parle, c'est, en d'autres termes, parce qu'il a fait un usage sauvage de ce qui lui était attribué pour mieux respirer et mieux échapper à la dent du carnivore ; c'est grâce une nouvelle fois à l'obsession de la matière vivante de sauver les espèces à tout prix que l'Homme est né !

Devenir humain ; le voici donc l'Homme, issu d'un Préhumain, grâce à la nécessité pour ce dernier de s'adapter à un changement climatique !

Et à partir de ces différentes transformations, le dialogue ne cessera plus entre la main qui saisit avec une force et une précision accrue depuis qu'elle a été libérée de sa saisie locomotrice, le langage qui en s'articulant multiplie d'un coup ses capacités d'expression et le cerveau qui analyse mieux la situation tout en contrôlant à la fois le langage et la main.

L'Homme est Homme dès qu'il est Homme ; le premier Homme est tout de suite en possession de ses facettes techniques, intellectuelles, esthétiques, éthiques, spirituelles, même si elles ne sont pas encore très élaborées. Il ne fera donc par la suite et jusqu'à aujourd'hui que les développer, les améliorer, les affiner.

Après le paradoxe de la matière inerte, de mieux en mieux organisée mais de plus en plus compliquée, celui de la matière vivante, de plus en plus diversifiée mais de mieux en mieux contrôlée, survient donc, avec la matière pensante, un troisième paradoxe : de plus en plus libre, mais de plus en plus responsable ; c'est ce qui fait la dignité de l'Homme, l'émergence inattendue de ses droits, mais aussi le poids tout aussi inattendu de ses devoirs ; il a, entre ses mains, son destin.

La nature obsédée par la survie de l'espèce va se commuer en nature obsédée par l'individu, la personne. Car, inhérente à ce nouveau cerveau, va aussi s'installer l'angoisse existentielle, celle qui va faire que chacun ne cessera de réfléchir désormais à ce qu'il fait sur cette planète, d'où il vient, où il va, c'est-à-dire à la mort, à sa mort.
Drôle d'histoire !
Prenant ainsi (mieux) conscience de lui-même, de l'autre, de ses besoins, de ses angoisses, de son environnement, l'Homme va être en mesure d'anticiper. Au lieu de prendre une pierre et de s'en servir, il va avoir le génie de prendre cette pierre (une forme), mais d'en prendre aussi une autre (une autre forme), et, tapant avec la seconde sur la première (ou inversement), de « créer » une troisième

forme ; l'Homme vient ainsi, probablement à sa grande surprise, de se découvrir l'audace de pouvoir agir sur l'environnement (ce qu'il ne cessera plus de faire), de le modifier à son bénéfice, que ce bénéfice soit utilitaire ou intellectuel ; il se fait en effet sculpteur, et cette troisième forme prend tout de suite le poids d'un symbole. C'est un très grand moment dans l'histoire de l'Univers ; c'est la première fois que la matière a la capacité de se regarder elle-même, de « se » réfléchir comme dans un miroir ; elle n'avait pas encore atteint ce degré de complexité. Et c'est d'un coup un environnement nouveau, l'environnement culturel, qui va s'installer au sein de l'environnement naturel ; le premier a 3 millions d'années, le deuxième, 14 milliards.

L'HOMME CONQUÉRANT

L'Homme, l'humain est donc là, désormais, et bientôt partout.
Comme il est devenu carnivore, son territoire s'est naturellement élargi ; il est de moins en moins inféodé à sa savane de naissance. Tous les carnivores de la Terre, en bons prédateurs, ont en effet des territoires écologiquement plus vastes et plus diversifiés que les herbivores, leurs proies.

Mais, en outre, comme il est devenu carnivore, il est aussi devenu chasseur, ce qui accroît par nécessité sa mobilité.
Comme sa réflexion est meilleure, il devient curieux de tout, y compris de son environnement, qu'il commence à découvrir, à explorer, et petit à petit à dépasser, poussant probablement des incursions dans le territoire des autres avant bientôt de se l'approprier.

Comme sa réflexion est meilleure, il va aussi se fabriquer des outils, une trousse, des armes, des prolongements de son corps et de ses équipements naturels, qui vont, bien sûr, lui faciliter tout ce que l'on vient d'énumérer, la chasse et la conquête de nouvelles niches écologiques.

Comme il réussit son adaptation, sa démographie va doucement s'accroître. Ces premiers humains (et j'insiste, dès ces premiers humains, que l'on appelle *Homo habilis*), plus réfléchis, plus mobiles, mieux équipés, plus nombreux, vont tout de suite se déployer à partir de leur berceau ; s'ils ont, comme on le pense, 3 millions d'années, c'est dès 2,5 millions d'années, peut-être avant, qu'ils bougent. Ils le font bien sûr dans le sens de la géographie, à travers toute l'Afrique d'abord, puis par le Bab el-Mandeb, le Proche-Orient ou Gibraltar, à travers toute l'Eurasie avant d'aborder plus tard, aux alentours de 50 000 ans, l'Océanie et l'Amérique.

S'ils se déploient, ils agrandissent leur territoire et se diversifient en formes contemporaines (séparées par l'espace) ou successives (séparées par le temps). Et les naturalistes, obsédés de classifications, les ont rangés dans de petites boîtes qu'ils appellent des espèces : *Homo habilis, Homo rudolfensis, Homo ergaster, Homo erectus*. Même si la séparation de ces formes (en effet un peu différentes) a pu être due à des dérives génétiques et à terme fabriquer des espèces biologiques, il ne faut pas oublier que l'Homme est désormais aussi un être culturel. Or il est évident que le développement doux mais insidieux de ce nouvel environnement va rétroagir de plus en plus sur la diversification naturelle. Quand des groupes de ces pseudo-espèces vont se croiser, ils vont ou se battre ou sympathiser, et alors échanger des informations, des réflexions, des outils, des armes, des filles, et leur hybridation s'ensuivra, ce qui n'est jamais le cas dans les rencontres animales.

Ces événements ont dû se réaliser en Afrique, surtout si la route de sortie, exiguë, a été la même pour tous. Mais l'arrivée en Eurasie a changé la donne ; avec la bougeotte qu'a l'Homme, le déploiement sur cet immense espace a dû se faire vite et suffisamment longtemps pour que la dérive génétique, cette fois, s'exprime et que des espèces véritables, peu à peu, se différencient.

Crâne de l'Homme de la Chapelle-aux-Saints, *Homo neandertalensis*

C'est sans doute ainsi que s'est «fabriqué» en Europe l'Homme de Néandertal, longtemps isolé avant de refluer sur le Proche-Orient et l'Orient et de s'hybrider parfois. C'est ainsi que s'est démarqué aussi l'Homme de Denisova (récemment découvert grâce à la génétique), à travers l'est de l'Eurasie avant que ne s'y répandent d'autres humains qui s'y sont d'ailleurs également hybridés parfois.
C'est ainsi que l'Homme de Java, d'abord continental, s'est différencié malgré lui de ses congénères, par l'isolement maritime du territoire sur lequel il vivait; un endémisme de plus d'un million d'années en a fait un autre Homme qui a évolué sur son île pour son propre compte.

C'est ainsi que l'Homme de Java est sans doute passé dans les îles voisines à la faveur d'une baisse du niveau des eaux, il a 800 000 à 900 000 ans, et s'est installé en particulier à Flores. Quand l'eau est remontée, cet émigrant s'est trouvé, au sens propre, isolé au point d'y subir ce que l'on appelle ailleurs le nanisme (ou le gigantisme) insulaire, en tout cas l'acquisition naturelle d'un idéal énergétique rendu possible grâce à la faible prédation de son isolat. L'Homme de Florès est un Homme de Java dont la taille s'est ainsi considérablement réduite.

Succession ou déplacement, sans doute un peu les deux, l'*Homo* dit *erectus* s'est aussi déployé sur tout l'Ancien Monde, créant des poches de populations dont l'originalité est fonction du temps d'isolement; l'*Homo erectus* de Tanzanie n'est pas tout à fait l'Homme de Pékin.

Il semble enfin que l'Homme moderne, *Homo sapiens*, soit né en Afrique à son tour, il y a sans doute un demi-million d'années et qu'il se soit déployé par le chemin de ses ancêtres, il y a une petite centaine de milliers d'années, il était alors devenu l'*Homo sapiens sapiens*. Toujours est-il que pour des raisons biologiques (différence de vitesse de croissance peut-être), technologiques ou comportementales, il s'est vite répandu à travers l'Eurasie, a dû s'hybrider aux

populations antérieures ou entraîner leur extinction et pousser encore plus loin son déploiement, grâce à des conditions paléogéographiques favorables, au point de peupler la Terre entière (les dernières îles, il y a seulement quelques millénaires).
Tout au long de ce périple conquérant, l'humanité n'a évidemment cessé de progresser culturellement, ses outils sont devenus plus divers et plus efficaces, ses découvertes et leurs exploitations plus nombreuses et chaque fois plus étonnantes, ses rituels plus compliqués, ses réflexions plus profondes ; aux côtés de la biodiversité de milliards d'années s'est développée une culturo-diversité brillante, les deux constituant la richesse du patrimoine de notre planète. Il faut dire que le cerveau de l'Homme, qui lui a valu d'« être », s'est agrandi sur le plan du volume (de 500 à 1 500 cm^3 environ) et bien évidemment sur le plan de la complexité et de son fonctionnement ; c'est de tous les organes de tous les êtres vivants celui qui s'est le plus développé en un temps si court.

Jetons, pour le plaisir, un coup d'œil sur cette évolution culturelle de 3 millions d'années.
Sur le plan technologique, par exemple, André Leroi-Gourhan avait eu l'idée de quantifier, d'une certaine manière, ce progrès ; partant du principe que le tranchant d'une pierre taillée était sa partie active, il avait pesé un kilo de ces pierres (de préférence du même type de roche) de différentes époques et additionné les longueurs de leurs tranchants ; et il avait obtenu 10 cm de tranchants cumulés pour 1 kg de pierres taillées de 2 millions d'années, 40 cm pour 1 kg de pierres taillées de 500 000 ans, 200 cm (2 m) pour 1 kg de pierres taillées de 50 000 ans, et 2 000 cm (20 m) pour 1 kg de 20 000 ans ; on mesure ainsi, de façon grossière certes mais spectaculaire, les progrès dans la taille et l'économie consécutive de matière première.
Sur le plan comportemental, l'étude des sols d'habitats montre également un progrès dans l'aménagement de l'espace ; tout est d'abord mélangé, on mange là où on dort, là où on découpe la viande, là où

on taille les outils ; puis, les lieux se spécialisent, sans trop s'éloigner les uns des autres, mais on ne découpe désormais pas la viande là où on dort, on ne taille plus la pierre là où on mange, etc. ; et enfin, les espaces liés aux diverses fonctions éclatent, au point que, lorsque l'on a la chance de découvrir un atelier, on ne trouve pas forcément l'habitat, lorsque l'on trouve un site dit de boucherie, on ne trouve pas forcément l'atelier, etc.

La facette spirituelle de l'Homme s'affine évidemment avec le développement de sa pensée. Je crois l'Homme « religieux » dès qu'il est Homme ; cette recherche d'apaisement de l'angoisse de la mort doit être inhérente à la structure de sa « tête » ; « dans aucune société, dit Maurice Godelier, la mort n'est la fin de la vie ». Sans mélanger les concepts de symbolique, sacré, religieux, disons quand même que la religion n'est en fait que l'organisation sacrée des symboles et, au regard du comportement des petites sociétés actuelles, où tout geste a une connotation spirituelle, je pense que la fabrication du premier outil (et bien sûr des autres) a tout de suite été porteuse de cette connotation ; « le comportement spirituel affecte tous les actes de la vie », dit un proverbe africain.

Mais le préhistorien est un scientifique ; il veut des preuves de cette distanciation. Il les trouve, bien sûr, dans des contextes de plus en plus anciens sans qu'ils atteignent, du moins à coup sûr, les 3 millions d'années. Citons en vrac les très nombreux morceaux d'ocre recueillis sur le sol d'habitat de 700 000 ans d'Isernia la Pineta en Italie, les coquilles de moules « ornées » de zigzags gravés de 550 000 ans de Trinil à Java, etc. ; citons un cristal de roche superbe dans un site préhistorique de 500 000 ans en Inde ; une figurine naturelle, ce que l'on nomme pierre-figure, mais un peu retouchée, donc perçue comme telle, de 280 000 ans à Berekhat Tam en Israël. Mais citons aussi la maîtrise du feu à Gesher Benot Ya'aqov en Israël (800 000 ans) ou à Zhoukoudian en Chine (700 000 ans), l'usage de la fosse sépulcrale à la Sima de los Huesos de 350 000 ans en

Espagne, ou les sépultures individuelles aménagées et enrichies d'objets, outils, armes, coquilles ou fleurs en Eurasie dès 140 000 ans.

Un pas de plus est franchi lorsque l'Homme, dont la main est avide depuis longtemps de laisser des marques sur des objets qui les retiennent, se met véritablement à écrire (sans lignes), il y a de cela une cinquantaine de milliers d'années ; 45 millions de gravures ou peintures rupestres ont été répertoriées dans 70 000 sites de 160 pays dans le monde, sur des parois immobilières ou des objets mobiliers ; les dessins figuratifs s'y rencontrent souvent accompagnés de signes abstraits, leur association faisant sens. Je n'oublie évidemment pas la sculpture (une Vénus a 40 000 ans en Allemagne), la musique (une flûte de 60 000 ans de Slovénie), la danse (des empreintes rythmées de pas sur les sols de certaines grottes ornées), etc.

Et j'aime beaucoup, dans cette longue histoire de l'humain, l'allongement progressif de ses projets. Je pense en effet que l'Homme qui taillait ses premiers outils le faisait pour s'en servir immédiatement, même s'ils étaient porteurs d'une valeur symbolique. Je pense que le tailleur de bifaces (à partir de 1,7 millions d'années), premiers objets symétriques, en soignait la fabrication pour que leur usage dure quelques jours, peut-être quelques mois (il y a des bifaces « retaillés » par flemme ou par économie). L'Homme qui peignait les murs de ses sanctuaires choisissait ses peintures, bien sûr ses couleurs, mais il les mélangeait souvent à ce que l'on nomme des liants pour que l'œuvre dure quelques années, peut-être quelques générations ; il a fallu plus d'un siècle et quatre générations d'ouvriers pour construire Notre-Dame de Paris, et la Science se permet aujourd'hui l'audace de proposer des prévisions de milliards d'années (la mort du Soleil, par exemple).

L'histoire bien sûr continue... Après un coup d'œil en arrière, on vient de montrer que c'est quand même la plus extravagante des histoires que celle qui relie 14 milliards d'années, et raconte l'évolution d'une matière qui n'a cessé de se compliquer jusqu'au cerveau de l'Homme qui, pour le moment, représente son état le plus élaboré.
Un coup d'œil sur ce jour; l'humanité est en bonne santé; elle est passée des quelques milliers d'individus de son berceau à quelques millions, il y a 10 000 ans, 1 milliard il y a 200 ans, 7 milliards aujourd'hui. L'humanité est brillante; elle est passée de l'équipement de pierre à celui de métal et de ses alliages, puis à celui de multiples inventions de synthèse de plus en plus étonnantes, du mécanique à l'automatique, de l'électrique à l'électronique, et puis au numérique, ce qui lui a permis d'établir le calendrier de son histoire et de l'écrire sur des supports qui se multiplient, de créer une communication instantanée quelle que soit la distance, une localisation instantanée quel que soit l'espace, de commencer à mieux comprendre ce qu'elle était, mais aussi l'Univers dans lequel elle vit, et d'avoir des idées de déploiement au-delà de son berceau planétaire.

Comme on l'a vu, elle ne mérite en tout cas pas qu'on lui jette « la pierre »; elle est née de manière naturelle en s'efforçant, comme tous ses voisins du même écosystème, de s'adapter le mieux possible à un changement d'environnement et elle y est parvenue. Et il se trouve que les moyens qu'elle a utilisés, transformation de sa respiration, complication de son système nerveux, lui ont donné la possibilité d'en détourner l'usage; le langage articulé et un nouveau niveau, jamais atteint, de réflexion sont nés! Et l'humanité, opportuniste, s'en est tout simplement servie.
Sa démographie, on l'a vu, et la taille de sa planète ont fait qu'elle a vécu, en nomade, dans un environnement subi, une économie de prédation pendant des millions d'années; son développement était parfaitement durable. Et puis, lorsque la fin de la dernière glaciation a sonné, séduite par la pousse généreuse et inattendue, dans un

GROMSTEPHANI
ADRECENTESCIC

climat plus doux, d'une végétation que précisément elle consommait, elle s'est arrêtée pour mieux la cueillir. Devenue sédentaire, elle a compris qu'elle pouvait à terme semer pour mieux récolter ; et elle a inventé l'agriculture et a commencé à trier des graines et à fabriquer les premiers OGM ; fixée, elle a mieux domestiqué les bêtes de compagnie et finalement, pour ses propres besoins, a inventé l'élevage des bêtes de consommation ; une nouvelle économie, l'économie de production dans laquelle nous vivons encore, est née, dans un environnement conquis plus confortable au lieu d'être subi ; l'humanité a fait beaucoup plus d'enfants, et ce, pendant ces milliers d'années où son développement est demeuré parfaitement durable.

Ce n'est qu'il y a deux cents ans que le problème de l'équilibre entre démographie et surface habitable et cultivable de la Terre s'est posé. Mais l'humanité ne s'en est pas aperçue et a toujours pensé en termes du développement durable qu'elle avait toujours connu. L'ère industrielle est née, et avec elle le développement des sciences et des techniques mais aussi, et de plus en plus, la nécessité d'une alimentation de masse ; l'environnement, d'abord subi puis conquis, cette fois a surpris ; personne n'y pensait et peu de gens en étaient conscients, alors que, pendant ce temps, cet environnement commençait à être « sur pris », consommé en excès, et de moins en moins durable.

Il a fallu de longues années pour que certains réalisent que ce développement s'était inversé ; les vols spatiaux ont fait au même moment mieux réaliser que la Terre n'était qu'une planète qui avait des limites et on peut dire que, depuis plus de cinquante ans maintenant, mais moins de cent, l'humanité a compris la situation, l'enjeu, et de manière responsable commence à réagir, avec, bien sûr, toute l'inertie que l'on peut attendre dans de telles mises en marche vers des caps nouveaux. L'humanité demeure admirable ; on lui reproche aussi d'anthropiser la Terre ; mais que l'on se rappelle que cette Terre, notre planète, a été, dans son enfance, totalement minérale pendant 500 millions d'années, disons grise, et puis, les océans se mettant en place, grise et bleue pendant les 3 milliards et demi d'années qui ont suivi ; quand la vie est sortie de l'eau est apparu le vert, celui que l'on aime tant aujourd'hui ; la Terre n'est donc devenue bleue et verte qu'il y a 500 millions d'années. Que l'humanité, triomphante comme on l'a vu, anthropise aujourd'hui la Terre, désormais bleue et multicolore au lieu d'être bleue et verte, n'a rien d'anormal ni d'ailleurs de définitif. D'abord minéralisée, puis biologisée, la voilà donc anthropisée, notre planète, avant de devenir autre chose.

Depuis 3 millions d'années, l'humanité est prédatrice, et aussi de sa propre espèce, ce qui, à juste raison, révolte. Sa cruauté, sa destruction des idoles d'avant, son appétit de pouvoir, de territoire, et son peu d'inclination à partager ses dieux en font la plus dangereuse des espèces. C'est l'autre face de sa liberté.

Et un coup d'œil sur l'avenir. Les espèces n'ont qu'un temps. Et si l'*Homo sapiens*, qui est toujours un être vivant soumis aux lois de la biologie, trouve la parade à toutes les agressions naturelles dont il est l'objet et parfois la victime, alors il pourra continuer à développer son environnement culturel, découvrir et inventer, se déployer et se multiplier, conquérir l'Univers et changer d'espèce au bénéfice d'un nouvel Homme que l'on peut imaginer plus tolérant. Son avenir surprendra nos enfants, comme son passé et son présent l'ont fait à nos yeux et le feront, nous en sommes persuadés, à ceux des visiteurs du nouveau musée de l'Homme.

-

LES INVITÉS

-

-

ANDRÉ PICHOT

-

CHERCHEUR AU CNRS
EN ÉPISTÉMOLOGIE ET HISTOIRE DES SCIENCES

Cet éclairage philosophique ne fera pas de mal à la vision biologique de l'Homme dans son propre musée, bien évidemment très lié au Muséum national d'histoire naturelle ; le fil historique que décrit joliment André Pichot, fil comprenant la situation actuelle et ses modes, vous conduit parfaitement à la spécificité de notre genre humain qui se distingue en effet de ce qui le précède, car de toute façon, dans l'Univers, tout change tout le temps et donne naissance chaque fois à une situation par définition inattendue. Le nouveau musée se doit aussi de faire état de cette particularité du sujet dont il prétend traiter, « un être à la recherche de ce qu'il est » en attendant la surprise de ce qui lui succédera ».

YC

SE CONNAÎTRE ET S'INVENTER

Le Musée de l'Homme relève du Muséum national d'Histoire naturelle, dont la partie la plus visible est la Grande Galerie de l'Évolution. On pouvait craindre que ce cadre académique impose une vision un peu trop étroitement naturaliste, et ne réduise l'homme au statut de singe évolué ayant survécu dans la lutte pour la vie. Crainte d'autant plus forte qu'une grande partie de ce qui, dans ce musée, relevait de l'anthropologie culturelle se trouve maintenant au musée du quai Branly, et que le palais de Chaillot a conservé, entre autres, les restes d'une anthropologie physique de fâcheuse réputation (de la Vénus hottentote à la craniologie).

Au XIXe siècle et pendant la première moitié du XXe, cette anthropologie physique a eu une vision de l'homme assez terrifiante, en partie à cause de ses présupposés philosophiques, en partie du fait de ses emprunts au darwinisme et, de manière plus générale, en raison d'un arrière-plan politique marqué par le colonialisme. Elle se réclamait certes des principes de la science positive et des nécessités du progrès, mais elle n'en laissa pas moins de pénibles souvenirs. Sans nier cette réalité historique et ses conséquences, il fallait prendre une autre voie et réconcilier l'éthique et la science tout en conciliant la nature animale de l'homme et sa spécificité (laquelle spécificité, seule, justifie l'existence d'un Musée de l'Homme distinct de la Grande Galerie de l'Évolution).

Une vieille tradition, remontant à Platon et surtout à Aristote[1], a longtemps voulu que, contrairement aux animaux, l'homme possède une âme rationnelle (et immortelle) lui conférant la raison et le langage. Jusqu'au XVIIIe siècle largement inclus, l'homme fut ainsi différencié de l'animal par sa capacité à parler et à raisonner (c'était, par exemple, l'opinion du quasi-athée Buffon), à quoi les esprits pieux ajoutaient le commerce avec Dieu, c'est-à-dire la religion (c'était, par exemple, l'opinion de Ch. Bonnet, protestant convaincu)[2]. Puis, peu à peu, l'âme rationnelle a disparu du discours scientifique. La raison et le langage furent rapportés à la matière, et plus spécialement au fonctionnement du cerveau (c'était déjà l'opinion de La Mettrie)[3]. Par ailleurs, en ce même siècle, on commença à théoriser une évolution des formes vivantes, où l'homme s'apparentait au singe, et où les races noires (et spécialement les Hottentots) étaient censées faire la jonction entre eux (c'était notamment l'opinion de J.-B. Robinet)[4]. Soit, dans les deux cas (matérialisme et évolutionnisme), une forte tendance à « naturaliser » l'homme.
Dès lors, si, malgré sa nature et ses origines animales, l'homme avait une très nette supériorité quand il s'agissait de raison et de langage, il le devait non plus à une âme qu'il aurait été le seul à posséder, mais à un cerveau beaucoup plus évolué et plus performant que celui des animaux. La même explication fut adoptée pour les hiérarchies raciales humaines.

1 Aristote, *De l'âme, passim.*
2 Buffon, *Histoire naturelle, De l'homme, dans Œuvres complètes* (mises en ordre par Lacépède, 26 vol.), Emery, Fruger et Cie, Paris, 1828, vol. 10, p. 8-15. – Ch. Bonnet, *Contemplation de la nature* (2 vol.), Rey, Amsterdam, 1766, t. I, p. 81, 88-95.
3 Julien Offray de La Mettrie, *Histoire naturelle de l'âme*, Neaulme, La Haye, 1745.
4 Jean-Baptiste Robinet, *Considérations philosophiques de la gradation naturelle des formes de l'être, ou les Essais de la nature qui apprend à faire l'homme*, Saillant, Paris, 1768.

À cette date cependant, le cerveau n'était guère qu'une masse blanchâtre dont on ignorait à peu près tout. L'anatomie et la physiologie ne savaient qu'en décrire la forme et les circonvolutions, et en mesurer le volume et la masse. Ce furent donc ces caractéristiques anatomiques qui servirent à expliquer – et, surtout, à hiérarchiser – les performances intellectuelles et comportementales des animaux et des hommes (par la suite, on invoquera plus spécialement le développement du cortex cérébral).
Du cerveau, on passa au crâne, qui était plus aisément manipulable, se conservait mieux, et pouvait s'étudier sur des restes humains plus anciens (voire des fossiles). À partir de la fin du XVIIIe siècle et jusqu'assez tard au XXe, les diverses variantes de la craniométrie classèrent donc les hommes et leurs races selon le volume et la forme de leur crâne[5].
En sortirent renforcées les hiérarchisations raciales déjà existantes, mais aussi la catégorisation des individus selon que leur crâne révélait une intelligence supérieure ou une prédisposition au crime. Les collections du Musée de l'Homme en témoignent.
Conjuguées avec le darwinisme (une survie des plus aptes qui est surtout une élimination des plus faibles), ces théories provoquèrent, par leurs applications sociales et politiques, de notables dégâts sur lesquels anthropologues et évolutionnistes préfèrent ne pas s'attarder[6].

Aujourd'hui, tout cela est discrédité, et il semble que l'on se soit replié vers une sorte d'agnosticisme en matière de caractérisation de l'humain. Il en reste cependant une certaine tentation latente (ou résurgente), où la manie craniométrique a laissé la place à une

5 Par exemple : J. F. Blumenbach, *Collectionis suae craniorum diversarum gentium illustratae décades*, Dieterich, Göttingen, 1790-1828 – S.G. Morton, *Crania Americana; or, A Comparative View of the Skulls of Various Aboriginal Nations of North and South America: To which is Prefixed An Essay on the Varieties of the Human Species*, Dobson, Philadelphie, 1839 – P. Broca, *Mémoires d'anthropologie* (5 vols.), Reinwald, Paris, 1871-1888.
6 André Pichot, *La Société pure, de Darwin à Hitler*, Flammarion, Paris, 2000 ; *Aux origines des théories raciales, de la Bible à Darwin*, Flammarion, Paris, 2008.

manie génétique.
Au lieu de caractériser les hommes et les races par le volume ou la forme de leur crâne, on prétend maintenant les caractériser par leur génome. Et ce sont ces génomes dont on prétend se servir pour retracer la genèse et l'évolution de l'humanité, en des arbres généalogiques remplaçant ceux imaginés au XIXe siècle. Les principes généraux et l'allure de ces arbres modernes ne sont pas fondamentalement différents des anciens, mais les critères génétiques sont jugés plus fiables que les critères morphologiques (en tout cas, ils font plus sérieux, plus « scientifiques »).
Ce recours à la génétique pourrait paraître anodin si, simultanément, ne se développaient des applications techniques un peu douteuses, dont les motivations ne sont pas vraiment scientifiques.
Ainsi, en France, une firme privée spécialisée dans les analyses médico-légales a mis au point – et proposé aux ministères de l'Intérieur et de la Justice qui, à l'époque, l'avaient refusé – un test génétique permettant de discriminer cinq races (qualifiées d'« origines ancestrales » par souci du « politiquement correct »). Depuis longtemps, en Suisse, une autre firme commercialise un test du « gène juif » à destination des rabbins, des candidats à l'émigration en Israël et des illuminés à la recherche des Tribus perdues. Aux États-Unis, des sociétés du même genre vendent aux Noirs américains des tests génétiques supposés indiquer leur ethnie et l'origine géographique africaine de leurs ancêtres.
Ce petit commerce (qui a pignon sur rue et sur Internet) semble florissant. Il n'empêche d'ailleurs pas les généticiens de proclamer l'inexistence des races — sans doute pour essayer de compenser la mauvaise image de la génétique que donnent ces applications mercantiles et équivoques.

En matière d'objectivité et de positivité, le volume et la forme des crânes n'avaient rien à envier aux modernes critères génétiques. C'est ce qu'on leur faisait dire qui était absurde. Il était insensé de penser que comparer des crânes (caractères objectifs macro-

Buste ethnographique, jeune Lapon

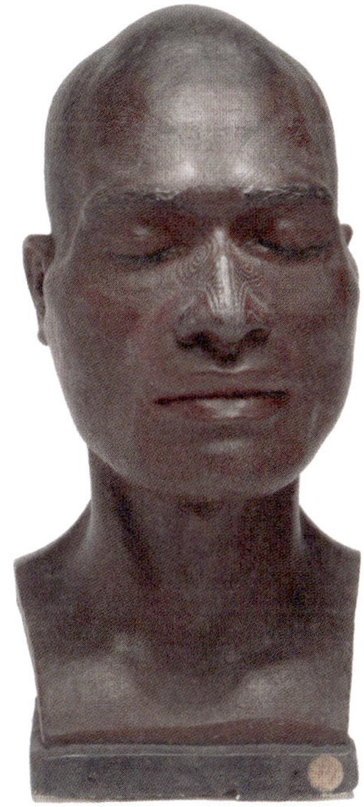

Buste ethnographique, Taha Tahala

Buste ethnographique, Gamila

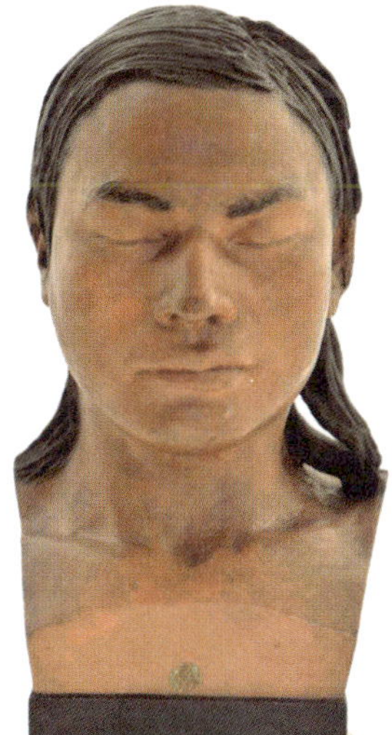

Buste ethnographique, Se-Non-Ty-Yah, « Les Pieds ampoulés », chef ioway, 1845

scopiques) équivalait à comparer les êtres dont ils étaient les crânes. Comme, aujourd'hui, il est absurde de penser que comparer les génomes (caractères objectifs microscopiques) équivaut à comparer les êtres dont ils sont les génomes. Surtout si, en même temps, on affirme que l'ADN de l'homme est à 98 % identique à celui du chimpanzé.

Que ce soit dans son anatomie, sa physiologie ou sa psychologie, l'homme diffère du chimpanzé bien plus que par ces misérables 2 %. Le génome de l'homme ne peut donc pas être considéré comme représentatif de ce qu'est l'homme, pas plus que celui du chimpanzé ne peut l'être de ce qu'est cet animal. Ou alors il faudrait postuler que les génomes ont un niveau de réalité – et de « dignité scientifique » – supérieur à celui des êtres vivants eux-mêmes. C'est d'ailleurs ce que la sociobiologie prétend depuis longtemps dans ses multiples avatars où, en règle générale, les êtres vivants n'existent que pour assurer la « survie » et la multiplication de leurs gènes[7]. C'est aussi ce qui sous-tend implicitement maints travaux de génétique. Le tout s'accompagnant d'une sorte de « fétichisation » des génomes qui oublie que l'hérédité biologique est une inventionrécente, assez bancale de surcroît[8].

7 Richard Dawkins, *Le Gène égoïste*, trad. de L. Ovion, Odile Jacob, Paris, 1990, *passim*.

8 Un fétiche est un objet fabriqué par les hommes et auquel ces hommes attribuent un certain pouvoir en oubliant que ce sont eux qui l'ont fabriqué. – C'est ce qui s'est passé pour l'hérédité. La plupart des biologistes pensent que celle-ci est une sorte de fonction naturelle comme la digestion, et que la tâche de la génétique est de l'expliquer. En réalité, l'hérédité biologique est une notion qui a été inventée de toutes pièces dans la seconde moitié du XIXe siècle pour expliquer l'articulation des deux types d'explications que demande l'être vivant, à savoir une explication physico-chimique et une explication historique (l'hérédité est une notion à deux faces : par sa face « matière » elle s'articule à l'explication physico-chimique, et par sa face « mémoire » elle s'articule à l'explication historique, c'est-à-dire l'évolution). – Jusqu'au milieu du XIXe, l'hérédité était une notion purement juridico-économique ; elle désignait l'ensemble des biens, titres et fonctions dont les enfants prenaient possession à la mort de leurs parents, et leur droit à en prendre possession. Jusqu'à cette date, l'hérédité était inconnue en biologie. Celle-ci ne connaissait que la fonction de génération, qui était chargée d'assurer la conservation de l'espèce en palliant la mortalité des individus. – L'hérédité biologique est en fait une partie de

Le principal défaut des théories craniométriques précédemment évoquées tenait à ce que, cédant à l'idéologie alors en vigueur, elles avaient adopté des approches scientistes et positivistes assez caricaturales. On peut aujourd'hui faire le même reproche aux tentatives de caractérisation génétique de l'humain.
Toutes ces théories, craniométriques ou génétiques, veulent en effet définir la spécificité humaine par des caractères objectifs qu'elles croient irréfutables parce qu'ils sont positifs et mesurables (autrefois tel crâne ; aujourd'hui tel génome – celui-ci étant supposé supérieur à celui-là, car il est censé « commander » la formation et l'organisation de l'être vivant, dont la forme et le volume du crâne).
L'homme a indéniablement un crâne d'homme et un génome d'homme, comme le singe a un crâne de singe et un génome de singe. Mais dire que l'homme est homme parce qu'il a un crâne d'homme plutôt qu'un crâne de singe (ou bien un génome d'homme plutôt qu'un génome de singe), c'est ne rien dire si l'on n'a pas préalablement établi ce qu'est l'homme, et en quoi son humanité est supposée tenir à son crâne ou à son génome.
En réduisant l'homme à de tels caractères objectifs (crâne ou génome), ces théories ont gommé ce qui fait sa spécificité, à savoir qu'il ne se résume pas à un ensemble de caractères objectifs, car il n'est pas un objet (ni une « ressource humaine »).

cette fonction de génération, partie à qui les biologistes ont arbitrairement donné une indépendance, et qu'ils ont chargée, non moins arbitrairement, de contrôler entièrement l'individu (sans que celui-ci puisse agir en retour sur cette hérédité dont il reçoit le fardeau par sa naissance). – Le premier ouvrage consacré à l'hérédité biologique est le *Traité philosophique et physiologique de l'hérédité naturelle* du psychiatre Prosper Lucas (2 vol., Baillière, Paris, 1847-1850). C'est un énorme livre assez délirant (les généticiens ont préféré l'oublier, ils en ont honte quand ils le connaissent), mais, en 1849, ce fut la seule et unique référence de Darwin en matière d'hérédité dans *L'origine des espèces* (il n'y avait pas d'autres études sur le sujet). – Le véritable inventeur de l'hérédité biologique est toutefois Ernst Haeckel dans sa *Generelle Morphologie der Organismen* (2 vol., Reimer, Berlin, 1866). Il en a ensuite repris et développé les principaux éléments dans ses innombrables ouvrages (à succès), et en a fait ainsi l'inévitable « tarte à la crème » des explications biologiques. – Pour l'histoire de la notion d'hérédité, voir A. Pichot, *Expliquer la vie, de l'âme à la molécule*, Quae, Versailles, 2011, p. 654-770.

Une solution existe cependant depuis longtemps ; elle a été esquissée par Linné, mais elle fut oubliée, car elle ne correspondait pas à l'idéologie qui se mit en place à la fin du XVIIIe siècle et qui régna au XIXe. Au lieu d'être défini par des caractères objectifs, positifs et mesurables, l'homme y est défini de manière «négative» par un manque, au creux duquel il doit se constituer en tant que sujet.

Dans sa classification des êtres vivants, Linné réunissait l'homme et les singes dans l'ordre des Primates. Mais, alors qu'il caractérisait et différenciait les animaux (dont les singes) par des critères morphologiques, il s'est contenté de définir l'homme par la maxime: *nosce te ipsum*, «connais-toi toi-même». Il indiquait par là que c'est moins par des critères objectifs que par sa capacité (voire son devoir) à se connaître lui-même que l'homme est défini. Est donc homme celui qui se connaît comme tel[9].

Ce «connais-toi toi-même» (inspiré de Platon et, sans doute, du *cogito* de saint Augustin et de Descartes)[10] est éminemment polysémique. Sa signification la plus élémentaire voudrait que l'homme tienne sa spécificité de ce qu'il se connaît, dans la mesure où il est conscient de son existence, c'est-à-dire conscient de lui-même et de ce qui n'est pas lui ; ce qui semble manquer à l'animal (pour autant qu'on puisse connaître son degré de conscience).

On peut retenir cette idée, mais on peut aussi essayer de dépasser ce sens immédiat. En effet, chez Linné, la taxonomie est essentiellement une affaire de nomenclature ; c'est une manière de nommer. Or, donner des noms fait traditionnellement partie des prérogatives de l'homme (c'est ce que disait déjà la Bible[11] ; et Linné le savait sans doute, car il était fils et frère de pasteur).

9 C. Linnaei, *Systema Naturae per Regna Tria Naturae secundum Classes, Ordines, Genera, Species cum Characteribus, Differentiis, Synonymis, Locis*, (10e édition revue, 2 vol.), Laurentii Salvii, Holmiae, 1758-59, vol. I, p. 20-24.
10 Platon, *Charmide*, 164d. – Saint Augustin, *La Trinité*, X iii 5, X iv 6, X ix 12 et X x 14. – Descartes, *Discours de la Méthode* (4e partie), *Méditations métaphysiques* (II), *Les Principes de la philosophie* (I, 7).
11 Genèse 2, 19-20.

Cette capacité à donner des noms (la dénomination) est fondamentale pour l'homme en tant qu'être parlant. C'est elle en effet qui rend possible le langage, en ce qu'elle substitue les noms aux choses (et permet ainsi d'intégrer celles-ci dans des phrases et des raisonnements).

Dans la taxonomie, donner des noms appropriés aux êtres vivants, c'est classer ces êtres, les faire entrer dans un ordre qui est censé être celui de la nature. Symétriquement, nommer un être que l'on rencontre, c'est le (re)connaître, lui donner sa place dans l'ordre de la nature figuré par l'ordre taxonomique.

Est donc homme celui qui, non seulement, est conscient de lui-même et se connaît comme « homme », mais qui aussi se nomme lui-même « homme » (les deux étant indissociables).

Ainsi, nombre de peuples se désignent eux-mêmes comme étant les « hommes » – par exemple, les mots « Inuit » et « Bantou » signifient « homme » dans les langues des peuples considérés. Aux deux extrémités du monde, les Inuits et les Bantous se connaissent donc comme étant les « hommes », et se nomment ainsi.

Cela, seul l'homme est capable de le faire. Quelque sentiment (ou conscience) qu'il puisse avoir de lui-même, aucun animal ne se connaît « animal », ni ne se nomme ainsi lui-même (quelque rudiment de langage que l'on suppose aux animaux).

Dans la taxonomie linnéenne, l'homme parle latin et il se nomme lui-même *Homo sapiens*; ce qu'on peut traduire par « homme raisonnable », en se référant à ce que disait Aristote de l'âme rationnelle qu'il attribuait à l'homme. Mais on peut aussi adopter une traduction différente en recourant à l'étymologie, selon qui *sapiens* est le participe présent actif du verbe *sapio*, lequel signifie « être raisonnable », « savoir », « connaître » ou encore « comprendre ».

L'homme serait donc *sapiens* en ce qu'il est « savant » (« connaissant » ou « comprenant »). Mais – puisqu'il s'agit d'un participe présent actif – il est alors « savant » (« connaissant » ou « comprenant »), non pas en ce qu'il posséderait un savoir déjà établi, une parfaite connaissance et une totale compréhension de lui-même et du monde. Il est «savant», «connaissant» et «comprenant», en tant qu'il est engagé dans un processus actif de connaissance et de compréhension; un processus qui est en cours et reste inabouti; un processus dont il est à la fois le sujet et l'objet.

L'homme se connaît donc, mais comme étant en train de se connaître (c'est-à-dire en train de se chercher, de se découvrir, voire de s'inventer), plutôt que comme étant déjà connu par lui-même.

Et si, contrairement à l'animal (suppose-t-on), il est conscient de lui-même, il l'est de manière interrogative, dans l'incertitude et dans la recherche de ce qu'il est, plutôt que dans l'affirmation positive d'un soi bien défini.

Le «connais-toi toi-même» est alors pour lui une injonction à se chercher, à s'inventer, à se construire. Et c'est dans cette recherche qu'il se connaît; mais il se connaît comme étant ce qui se cherche (avant même de se connaître comme résultat imparfait de cette recherche en cours).

Autrement dit, l'homme s'apparaît à lui-même dans et par cette interrogation sur ce qu'il est («je me cherche, donc je suis», même si je ne sais pas qui – ni ce que – je suis, sinon que je suis et que je me cherche). Et il répond à cette interrogation premièrement dans et par l'acte même de sa recherche de lui-même («je suis celui qui se cherche»), et deuxièmement par les imparfaits résultats de ce processus de recherche en train de se faire («je suis tel homme vivant dans tel monde, aussi imparfaits l'un que l'autre dans la connaissance que j'en ai»).

Les hommes ont toujours suivi (et suivent toujours) cette injonction à se connaître soi-même (avaient-ils le choix? – s'ils se cherchent, c'est qu'ils se manquent). Et cela, même quand ils n'ont jamais entendu parler d'un tel principe, et qu'ils ignorent tout de Platon, de saint Augustin, de Descartes et de Linné (ceux-ci n'ont fait que formuler du mieux qu'ils ont pu, sous la forme d'une maxime, ce qui faisait qu'un homme était humain).

La diversité de l'humanité témoigne de l'universalité de la maxime. Autant de civilisations, autant de manières différentes d'être un homme. Autant d'individus, autant d'êtres humains différents qui se cherchent et s'inventent tout au long de leur vie, tâchant de répondre à la question avec ce dont ils disposent – que ce soit leurs qualités physiques propres (leur corps), leur cadre social, ou leurs conditions environnementales. Mais toujours avec la même maxime, une même humanité sous des formes différentes.

Une telle vision peut paraître incompatible avec les principes en vigueur dans les disciplines, essentiellement biologiques, qui prévalent au Muséum. Un homme qui aurait à se connaître et – qui plus est – à s'inventer, un tel homme entrerait difficilement dans le cadre de sciences qui le voient plutôt comme un animal présentant divers caractères objectifs déterminés par la conjonction de son génome et de son environnement.
Mais peut-être ce vieux schéma (génome-environnement, inné-acquis, nature-culture, etc.) est-il aujourd'hui usé jusqu'à la corde. Il ne faut pas se fier aux apparences. La médiatisation extrême de la génétique, et la multitude d'applications qu'elle propose dans tous les domaines, cachent mal l'épuisement de ses principes[12].

12 A. Pichot, « Mémoire pour rectifier les jugements du public sur la révolution biologique », *Esprit*, août-septembre 2003, n° 297, p. 104-110. Voir aussi ci-dessus la note 8 consacrée à l'hérédité.

-

MARYLÈNE PATOU-MATHIS

-

PRÉHISTORIENNE, DIRECTEUR DE RECHERCHE AU CNRS, VICE-PRÉSIDENTE DU CONSEIL SCIENTIFIQUE DU MNHN

Marylène Patou-Mathis raconte bien les deux grandes étapes de l'histoire de l'humanité et leurs conséquences, le redressement du corps (permanent) et l'agrandissement du cerveau. À station debout, déverrouillage du cerveau, mains libres pour fabriquer mais aussi mieux communiquer. Et à meilleur cerveau (et omnivorie), anticipation, outils et armes, chasse et partage, et réponses culturelles aux défis naturels. Tout est très lié, dit, à juste raison, Marylène Patou-Mathis, qui a eu l'inégalable expérience de vivre avec des chasseurs-cueilleurs, les San. Elle décrit évidemment l'importance de la parole, celle du feu, le triomphe de l'acquis sur la génétique et après s'être plainte de la croissance, la nôtre, conclut, avec panache, que l'Homme à venir sera bien évidemment différent mais pas moins heureux.

YC

LA CONQUÊTE DE L'HUMAIN

L'origine de notre grande famille est africaine. L'Afrique est notre berceau. Nos ancêtres appartenaient à l'ordre des Primates dont sont issus les gorilles, les chimpanzés et les Hommes. À chaque changement climatique important, cette souche a dû conquérir et exploiter de nouveaux biotopes. Certaines espèces ont connu des mutations qui se sont avérées favorables à l'occupation de ces milieux et au développement de la bipédie.
C'est grâce à l'acquisition de la bipédie comme unique moyen de déplacement que nous sommes là. D'autres espèces, les chimpanzés ou les ours par exemple, se dressent parfois sur leurs pattes, mais aucune ne l'a fait avec autant de succès que la nôtre. Les plus anciens de la famille des Hominidés sont arboricoles, ils se déplacent encore dans les arbres, grimpent pour échapper aux carnivores, léopards et autres, mais au fur et à mesure, ils passent de plus en plus de temps dans la savane, dans un environnement plus clairsemé, riche de certains végétaux qu'ils ne trouvent pas en forêt. Les extrémités de leurs membres antérieurs deviennent des mains qui peuvent être utilisées pour faire autre chose que se déplacer. Elles fabriquent des outils, les tiennent. Elles peuvent désigner un animal, alerter d'un danger. Ces mains facilitent aussi les relations sociales : elles sont disponibles pour communiquer avec l'autre, exprimer de l'empathie, lui faire signe... Dans la multiplicité des mutations génétiques, la bipédie favorise aussi l'apparition de nouvelles espèces. Tout est

très lié: bipédie, libération des mains, accroissement du cerveau et apparition de nouvelles capacités cognitives. Plus on s'exerce à de nouvelles activités, plus le cerveau se développe.

La période où l'Homme, qui était végétarien, devint omnivore est une évolution cruciale et correspond sans doute au moment où nous sommes devenus humains. Omnivore, cela veut dire qu'on peut manger de tout. Les possibilités de ressources alimentaires se sont élargies: des plantes et de la viande, des vertébrés et des invertébrés; ce fut un catalyseur de l'hominisation.

L'apport de protéines animales se compose d'abord d'insectes comme les termites, puis, avec *Homo habilis,* de viande de petits mammifères. Enfin vient la chasse. La chasse a tout changé. La structure sociale a été bouleversée. Les végétariens ne partagent pas, sauf les mères qui rapportent de la nourriture à leurs enfants, mais il n'y a pas de partage collectif. Chacun fait sa récolte. Si la cueillette a son importance, on voit bien, surtout en Europe, à quel point nous sommes de grands mangeurs de viande. L'*Homo habilis* a créé des outils pour dépecer la viande parce qu'il n'a ni les griffes ni les crocs des fauves, seulement des canines un peu plus développées et des incisives. Il faut bien déchiqueter la viande. Il a remarqué qu'avec une pierre tranchante il pouvait la couper. D'où l'outil. L'Homme est d'abord un charognard passif qui profite des proies de grands prédateurs ou de carcasses d'animaux trouvées, récupérant ce que les hyènes veulent bien lui abandonner. Par la suite, il s'organise, devient un charognard actif, qui laisse les fauves chasser, puis élabore une stratégie pour les éloigner de la proie. C'est déjà une technique de chasse intelligente. Je l'ai vu faire au Kalahari, lorsque j'ai partagé la vie des San, ceux qu'on appelle aussi les Bushmen. Ils repèrent un vieux lion qui chasse en solitaire, attendent qu'il bondisse sur un animal. Les chasseurs San le laissent prendre sa part, car ils sont très respectueux, puis le font fuir. La chasse développe d'abord les aptitudes physiques, sensorielles: une bonne vue, une ouïe attentive, le sens de la course. On fabrique des armes, on apprend à mieux tailler la pierre, à mettre une pointe de silex au

bout d'un épieu, on s'entraîne à lancer le projectile sur les animaux. L'*Homo erectus* s'attaque à des bêtes de grande taille qu'il affronte à plusieurs. Un projet audacieux qui nécessite une collaboration, une solidarité entre chasseurs et la mise en place de stratégies.
Le partage du gibier est important. Chez les San, par exemple, on peut observer un système social dans lequel les individus sont très interdépendants, ce qui favorise l'humanisation des structures sociales. Symboliquement, l'animal devient le centre de la vie sociale. Il apporte tout : la nourriture d'abord, mais aussi les vêtements avec les peaux, les bois des cervidés, les tendons, les ligaments... L'animal constitue un ensemble de ressources indispensable qui permet de mieux vivre au quotidien mais, au-delà, il s'inclut dans la cosmogonie des Hommes qui lui vouent un véritable culte et inventent une métaphysique de l'animal. Il accompagne les morts – ramures de cervidés, cornes de bouquetins, morceaux de viande... C'est aussi autour du feu qu'on se raconte les histoires de chasse, qu'on évoque une longue traque, une proie gigantesque. Tel bison abattu, tel chasseur tué. Des contes s'élaborent. Tous les peuples ont leurs légendes, qui se sont formées sur des récits de chasse et de bravoure. La puissance de cet imaginaire est telle que les *Homo sapiens*, les Hommes modernes, ne vont quasiment peindre que des animaux sur les parois des grottes.
Au départ, les changements environnementaux sont importants et vont influencer l'évolution de notre grande famille, mais la singularité de l'Homme fait que la culture l'emporte sur l'environnement. L'humain possède les facultés de résilience et d'adaptation. Il développe des savoirs et des savoir-faire. Lorsqu'il quitte l'Afrique via le Proche-Orient et arrive en Europe, l'*Homo erectus* doit s'adapter au milieu, au climat, à la faune. Beaucoup d'espèces disparaissent, la nôtre non. Ceux qui trouvent des astuces, ceux qui réfléchissent, survivent en nourrissant leur cerveau de nouvelles connaissances. Plus le temps passe, plus l'Homme maîtrise son environnement. Les peuples chasseurs-cueilleurs du Paléolithique moyen et supérieur, les Néandertaliens et les premiers Hommes modernes, se

sont détachés de leur environnement et deviennent moins dépendants des aléas climatiques. Quand il fait froid, ils descendent sous des latitudes plus clémentes, ils suivent les migrations des troupeaux, de rennes par exemple. Ils évoluent dans une nature riche. Même s'il existe des périodes de grand froid, la terre n'est pas une toundra stérile et gelée; si les mammouths arrivent à manger 200 kg d'herbe par jour, les Hommes doivent trouver facilement de la nourriture. Car c'est l'abondance. Il y a de grands troupeaux, les Hommes sont peu nombreux et arpentent un vaste territoire. Leur intelligence leur permet d'occuper tous les biotopes, la montagne pour aller chasser le bouquetin à 2 000 m d'altitude, la plaine où ils se lancent à la poursuite des grands troupeaux de bisons. Ils atteignent la Sibérie, passent le détroit de Béring, explorent l'Amérique. Il y a peu de temps encore, beaucoup de peuples continuaient d'évoluer dans ce mode chasseur-cueilleur, d'horticulture, de petite agriculture, d'élevage réduit, pareils aux premiers Hommes qui ont découvert les continents. Notre génération a connu ces Hommes qui vivaient selon des principes millénaires, en Afrique, en Amérique latine.

Aux problèmes qu'ils rencontrent, les Hommes répondent en inventant. Sans cesse. L'Homme est un innovateur. C'est fondamental. Et il anticipe. Il transmet sa connaissance, permet l'apprentissage de réponses apportées dans de nombreux milieux et dans des circonstances très différentes. Nous vivons grâce au «bagage» de tous nos ancêtres, de tous ceux qui nous ont précédés. La culture joue sur la génétique, tout est conservé dans notre code génétique. Nous nous croyons plus malins que les Néandertaliens, mais nous ne faisons que répondre à des questions qui se posent au présent. Nous envoyons des satellites dans le ciel, mais qui sait comment ils marchent? Très peu de personnes. Déjà, dans les années 1950, Albert Einstein disait: «La technologie va très vite, mais elle est dans le cerveau de très peu de personnes.» Qui peut construire sa maison tout seul? Tous les Néandertaliens et les premiers *Homo sapiens* savaient le faire. À leur époque, tout le monde savait tout faire. Ils n'étaient pas moins capables que nous. Au contraire!

Chaque jour, ils luttaient pour leur survie, chaque jour, ils inventaient, chaque jour, ils partageaient leur savoir avec un grand nombre de leurs semblables.
Je tiens à affirmer qu'il n'y a pas d'évolution progressive et linéaire. Luttons contre l'idée que nous sommes les meilleurs, que la perfection est au bout de l'évolution ! Nous ne sommes pas les meilleurs, nous sommes seulement les derniers à parler... Dans 3000 ans, d'autres viendront prendre la parole à leur tour. Comment nous regarderont-ils ? Serons-nous leurs Néandertaliens ? Le grand défi qui va agiter l'humain de demain, c'est la lutte contre la pollution. Comment va réagir notre organisme ? Va-t-on créer des surhommes ? Serons-nous dans le post-humain ?
Devenir humain est un travail de tous les jours qui demande aussi de répondre à cette question : Qu'est-ce qu'être humain ? C'est un problème de définition. Il n'est pas très difficile d'y répondre à un niveau biologique, mais « être humain » pose aussi la question de ce qui nous singularise par rapport à nos cousins les chimpanzés et les bonobos. Ce n'est pas seulement la production matérielle, la technologie, car il y a chez ces espèces des savoir-faire. En revanche, on n'a jamais observé chez elles de changements radicaux. Elles n'ont pas modifié leur comportement, sauf en migrant vers d'autres territoires parce que l'Homme rogne les leurs. Mais les bonobos — et je les aime beaucoup — sont-ils des humains ? Il y a un grand débat actuellement pour les intégrer au sein d'un *Droit de l'humain* qui se substituerait aux Droits de l'Homme. Mais au-delà de cette intention louable, les animaux sauvages sont en danger. Ils disparaissent de leur espace naturel pour n'exister que dans des zoos ou des livres d'histoire. Bientôt, on évoquera avec nostalgie *le temps où il y avait des animaux en liberté sur terre...*
L'humain est aussi celui qui s'interroge, qui se demande d'où il vient et qui se projette dans l'avenir. Ce questionnement *d'où je viens, où je vais*, je ne suis pas convaincue qu'il existe chez d'autres espèces. Cette obligation et cette capacité à se projeter qui nous permet

Nucléus à pointe Levallois,
Paléolithique moyen, France

Lame brute, petite taille, Abri de Laussel,
Dordogne, France, Paléolithique supérieur

d'innover n'existent que chez l'Homme. L'angoisse de la pollution, de l'extinction des ressources environnementales, la peur de l'avenir, c'est l'humain. En reprenant l'exemple des bonobos, on constate qu'ils sont en danger car ils n'ont pas vu que l'Homme allait tout leur prendre. Ils n'ont pas réagi. Au niveau technologique, ils peuvent faire des choses intéressantes, sont proches de nous sur le plan émotionnel, mais ils n'ont pas la capacité de se projeter dans le futur.

Les Néandertaliens ont existé pendant 350 000 ans. Nous, *Homo sapiens*, sommes là depuis 200 000 ans. Voyons dans 150 000 ans ce qu'il en sera. Je suis un peu provocatrice, mais je pense que l'on peut parler de civilisation néandertalienne. N'oublions pas les quelques gènes que nous avons hérités de lui. Il a disparu, comme ont disparu la civilisation assyrienne, celle des pharaons, mais beaucoup de choses qu'ils ont inventées ont survécu. Après *Homo sapiens*, il y aura sans doute une autre espèce. Beaucoup d'humains disparaîtront, il y aura un goulot d'étranglement, puis la sélection naturelle jouera son rôle. Ceux qui seront à même de supporter un taux élevé de particules ou de métaux lourds dans l'air survivront. Ceux qui résisteront aux insecticides également. Il y a déjà des mutations génétiques : les pays scandinaves ont un problème d'infertilité préoccupant en ce moment. Les spermatozoïdes y sont moins nombreux et de mauvaise qualité, sans doute à cause de l'obsession des Scandinaves pour la propreté. Ils utilisent trop de déodorant !

Nous allons nous transformer. Ce ne sera pas la fin de l'Homme, car nous trouverons des réponses ; le problème, c'est notre prétention. Nous croyons que nous sommes les meilleurs parce que nous parlons, mais la plus grande trouvaille, la plus grande invention de tous les temps, c'est le feu. Il a tout transformé. Il n'a pas seulement généré de la chaleur pour la cuisson, il n'a pas seulement éloigné les bêtes ou apporté le feu guerrier, il nous a permis de rester ensemble le soir autour de lui et de nous raconter des histoires. Et quand je pense à tout ce temps où les Hominidés ont vécu sans lui lorsque la nuit tombait, je crois que je suis encore plus épatée… Le feu, c'est récent, moins de 500 000 ans. L'obscurité de la nuit, c'est plusieurs millions d'années. Quel courage ont eu nos ancêtres ! Quelle capacité de résilience !

Nous sommes dans la civilisation de la croissance. La croissance économique notamment. C'est le paradigme de l'évolution actuelle, on se demande bien pourquoi. À Pékin, certains jours, on ne distingue pas son voisin tellement le nuage de pollution est épais, mais apparemment, l'essentiel, c'est la croissance ! Un concept répandu par des idéologues, un drôle de système qui avantage quelques privilégiés et rend malheureux le reste de la population. C'est un monde dans lequel l'humain n'est plus au centre. Au centre, il y a l'Homme connecté. Il existe des tee-shirts qui sentent lorsqu'on est triste ; le tissu se colle alors au corps et procure une sensation de câlin. L'application *Mother* nous rappelle ce qu'il faut faire pour bien s'occuper de ses enfants…

Je suis parfois un peu désespérée parce que je sais que nous sommes nés sur une belle planète et que je la vois se dégrader. J'ai vécu en Afrique australe. C'était magnifique mais cette beauté se réduit peu à peu. Les San que j'ai connus sont tous morts et ceux qui restent périclitent dans des villages de relocalisation. Ils sont parqués, ils ont des problèmes avec l'alcool, ils ont le sida…

On se bat pour qu'il n'y ait pas d'OGM, on se bat pour la Culture, pour les Arts, on se bat contre l'argent-roi, et on a raison. Mais c'est une lutte très personnelle. Il faut le faire. Voilà. Ce que l'on ne sait pas, c'est combien de temps va prendre la perte. La perte de tout ce que nous aimions : la diversité des animaux et des biotopes, des langues et des couleurs, des sentiments et des sensations. Pour le moment, il y a encore des Mozart, des Mérimée, des Velasquez. Mais on est en train de basculer vers un autre temps…

Je crois que l'Homme de l'an 3000 sera heureux. Il sera autre, tout simplement.

-

HERVÉ LE BRAS

-

DÉMOGRAPHE, DIRECTEUR D'ÉTUDES
À L'INED, ENSEIGNANT À L'EHESS

La contribution d'Hervé Le Bras à la démographie est précieuse parce qu'elle est précise, historique et sans état d'âme.
La signification de la diversité de l'humanité est en effet toujours source de débat. Notre grand collègue démographe conclut à la désormais fréquente prise en compte de l'humanité toute entière et de ses effectifs évolutifs, ce qui est bien, mais aussi à l'ambiguïté subsistante des termes de races, de populations et d'ethnies et à celle de leur adoption circonstancielle, ce qui est moins bien. Le nouveau musée de l'Homme ne doit pas cacher les différences entre les humains que la préhistoire et l'histoire expliquent mais doit aussi en montrer l'unité incontestable que la science montre et démontre de mille manières.

YC

L'INVENTION DES POPULATIONS ET DES RACES

À première vue, la notion de population semble strictement objective, indépendante du temps et du lieu. On parle indifféremment de «population» de l'Empire romain, de «population mondiale» à la fin du Paléolithique, de la population actuelle de la France ou encore de celle de Libourne en 2014. Or «la population» est une notion récente, et le mot lui-même l'est plus encore. L'invention des populations accompagne la marche de l'humanité avec ses avancées, telles que les droits de l'homme, et ses reculs, comme les manifestations du racisme et de la xénophobie.

Dans l'Antiquité, il n'existe pas de population mais des peuples aux contours variables. Pour les désigner, les Grecs de l'époque classique emploient plusieurs termes en fonction de situations différentes. *Ethnos* désigne un peuple en référence à son mode de vie mais sans le localiser, *genos*, qui s'applique aux descendants d'un même ancêtre mythique, signale des liens de parenté proches ou éloignés, *demos* nomme les citoyens dans leur statut d'égalité tandis que *laos* les regroupe en formations hiérarchiques, généralement guerrières, *pleisthos*, c'est la masse inorganisée, *ochlos*, la foule violente, etc. La même diversité linguistique existe dans la Rome ancienne pour détailler des usages encore différents de ceux pratiqués par les Grecs : *natio*, *gens*, *populus*, *plebs*, *turba*, *vulgus*, etc. Ces termes expriment l'organisation de la cité antique, organisation différente à Rome et à Athènes, et plus encore à Thèbes, Babylone ou en Extrême-Orient. Ainsi, comme l'a remarqué Émile Benveniste, en Grèce, la cité précède le citoyen. De la *polis* dérive le *politikos*, alors que c'est l'inverse à Rome où les citoyens assemblés forment la cité : les *cives* créent la *civitas*.

Dans l'Antiquité, une ligne de séparation fondamentale sépare les hommes libres des esclaves, considérés comme des biens (et qui le seront encore dans le Code noir préparé par Colbert puis appliqué dans les Antilles en 1687). La circulation entre ces deux catégories demeure possible à cette époque. Les hommes libres deviennent esclaves s'ils perdent la guerre — comme ce fut le cas pour les Messéniens vaincus par les Spartiates — et, inversement, l'esclave affranchi peut retrouver un statut d'homme libre, qui ne lui offre pas nécessairement celui de citoyen accordé à peu de Grecs de l'époque classique. La Constitution d'Athènes excluait de la gestion civique — donc des votes à l'Agora — les femmes, les personnes âgées de plus de 60 ans, les artisans et les commerçants (métèques en particulier), les ouvriers agricoles (les thètes souvent d'origine « barbare »). Inversement, la citoyenneté romaine, d'abord limitée aux Romains « pur sucre » fut progressivement accordée à des villes et à des provinces de plus en plus lointaines jusqu'à regrouper tous les hommes libres après le règne de Marc-Aurèle. En conséquence, on ne possède aucun recensement ancien dénombrant tous les hommes d'un territoire donné, c'est-à-dire la population au sens actuel du terme. On dispose seulement de registres de foyers fiscaux (« recensement » vient de *census*, ou cens, l'impôt), dont certains très précis comme ceux découverts dans la région du lac Fayum et à Alexandrie, remontant à l'époque romaine.

Au cours du Moyen Âge, la distinction entre libres et esclaves s'efface progressivement avec l'apparition de catégories intermédiaires, comme les serfs ou les colons (au sens ancien), et la multiplication des droits sur les parcelles agricoles, les manses. Mais il faut attendre la Renaissance et l'apparition d'une conception radicalement nouvelle de l'organisation politique pour que l'idée de population émerge. Dans les grands traités politiques de la fin de la Renaissance et de l'âge classique, les *Six Livres de la République* de Bodin, les ouvrages de Francis Bacon et surtout le *Léviathan* d'Hobbes, apparaît ce que Michel Foucault a qualifié de « gouvernementalité ». La perspective du souverain n'est plus d'agrandir son royaume par la guerre et l'union avec des familles princières, mais de l'enrichir pour en augmenter la puissance. C'est le célèbre aphorisme de Bodin : « Il n'est de richesses que d'hommes. »

Mais il manque encore une définition de l'homme ou plus exactement de l'égalité des hommes : quel critère les isole du reste des êtres et des choses ? La réponse est donnée au chapitre 13 du *Léviathan* sous une formulation pessimiste, mais c'est la première fois que l'égalité des hommes est définie autrement que de manière vague : « La nature a fait les hommes si égaux quant aux qualités du corps et de l'esprit, que, bien qu'on puisse parfois trouver un homme manifestement plus fort, corporellement, ou d'un esprit plus prompt qu'un autre, néanmoins, tout bien considéré, la différence d'un homme à un autre n'est pas si considérable, qu'un homme ne puisse de ce chef réclamer pour lui-même un avantage auquel un autre ne puisse prétendre aussi bien que lui. En effet, pour ce qui est de la force corporelle, l'homme le plus faible en a assez pour tuer le plus fort, soit par machination secrète, soit en s'alliant à d'autres qui courent le même danger que lui. »
Cette égalité négative se double d'une égalité positive quand les hommes, pour échapper à cette guerre de tous contre tous, décident « également » d'abandonner par un pacte une part de leur liberté au profit d'un souverain (un monarque, ou une assemblée) qui devra assurer leur sécurité.
Le postulat d'une égalité des hommes est nécessaire pour construire la notion de population. On ne compte que ce qui appartient à une

même catégorie. Si, par exemple, vous revenez du marché et vous déclarez que vous avez acheté 218 légumes, dont 3 artichauts, 12 abricots et 203 petits pois, on se moquera de vous car cette information est sans valeur du fait que l'on ne peut établir une commune mesure entre les trois types de légumes. De même, pour un citoyen grec, compter ensemble les libres et les esclaves ou les hommes et les femmes n'avait aucun sens car ils appartenaient à des catégories incomparables.

William Petty, qui fut assistant de Hobbes et fonda l'école de l'arithmétique politique, tira sans peine les conséquences de la philosophie du *Léviathan*. Il réalisa le premier recensement moderne où tous les humains sont comptés, le *Down Survey* en 1657 en Irlande et se livra à de nombreux calculs sur la population de l'Angleterre, de l'Irlande, de Londres et même de l'ensemble de l'humanité depuis le Déluge. Cependant Petty, rapidement suivi par les savants de son époque, les Huygens, Bernoulli, Leibniz, Halley, n'utilise jamais le terme de «*population*». Il emploie indifféremment les locutions «*the number of the people*» ou «*the number of inhabitants*». Le concept de population existe à l'état naissant mais il n'a pas encore reçu de nom. Il faudra attendre les *Discours politiques* du philosophe David Hume pour que le mot apparaisse dans la langue. La querelle des Anciens et des Modernes fait rage à l'époque. À la tête du parti des Anciens, Montesquieu a soutenu dans l'*Esprit des lois* que la Terre se dépeuplait depuis l'Antiquité. Il a alors francisé en «dépopulation» un mot latin, *depopulatio* qui signifiait, «destruction, désolation», mot issu du verbe *populari,* dont le sens est «détruire, dévaster», et que l'on trouve fréquemment chez les plus grands auteurs classiques, de Tite-Live à Cicéron. La diminution de la population au sens moderne n'est que l'une des conséquences de la *depopulatio,* la destruction générale de la civilisation ancienne. Au cours de cette polémique autour des chiffres issus de la littérature antique sur le nombre de soldats des armées ou le nombre de morts au champ de bataille, Hume montre, à juste titre, qu'ils sont le plus

Dents animales perforées, Paléolithique supérieur, France

souvent fantaisistes et qu'il est possible de soutenir l'hypothèse d'une augmentation du nombre d'humains. Emporté par sa démonstration, il parle de *popoulousness,* puis lâche le mot nouveau : « *population* ». Ce terme devient immédiatement à la mode en Europe jusque dans le titre des ouvrages. En 1759 ans, cinq ans plus tard, Mirabeau publie *L'Ami des hommes ou Traité de la population,* et en 1798, Thomas Malthus, son *Essai sur le principe de population.* On peut prendre la mesure de cet engouement en observant les statistiques du nombre d'ouvrages employant le mot « population » comparé au nombre de ceux utilisant le mot « peuple » entre 1700 et 1860 dans le catalogue Gallica[1] :

période	Nombre d'ouvrages contenant le mot « population »	Nombre d'ouvrages contenant le mot « peuple »
1700-1750	0	273
1750-1770	78	450
1770-1790	268	761
1790-1850	2578	5342
1850-1860	1269	2108

Absent avant 1750, le terme « population » figure déjà dans 78 ouvrages moins de vingt ans après, même s'il reste sept fois moins fréquent que le mot « peuple ». Un siècle plus tard, il est devenu presque aussi commun.

Le triomphe du mot « population » est à double tranchant. Un mot est souvent plus dangereux qu'un concept défini de manière opérationnelle. La « population » au sens de « nombre d'habitants » va rapidement s'essentialiser, devenir une notion abstraite cousinant

1 Le comptage a été effectué en 2011, mais il a sans doute peu changé étant donné l'énormité des écarts et le fait que les ouvrages antérieurs à 1800 étaient déjà largement représentés dans le corpus de Gallica.

avec celle de nation et bientôt de race. Alors qu'elle provenait d'un immense mouvement d'unification de ce que nous appelons le genre humain, elle va être à la source d'un mouvement de diversification qui débute peu après. C'est en effet à la fin du XVIIIe siècle que l'on commence à parler de races humaines. Des naturalistes allemands sont les premiers sur ce terrain, en particulier Blumenbach et Oken. Le grand philosophe Emmanuel Kant leur emboîte le pas avec un essai sur les races humaines. Sa conception est téléologique, c'est-à-dire qu'il explique la nature des êtres par leur destin final. Il soutient que chaque animal réalise durant son existence l'ensemble de ses possibilités ou virtualités individuelles. L'homme n'en réalise qu'une partie. Seule l'humanité les réalise toutes. Les quatre races en sont un exemple. Virtuellement, une seule se réalise en chaque homme, mais dans l'ensemble des hommes, les quatre apparaissent. La spécificité du genre humain par rapport aux animaux est donc affirmée par le fait même de sa diversité.

Kant ne relie pas encore la couleur de la peau à d'autres aptitudes[2]. Mais au début du XIXe siècle, il devient courant de décrire les populations humaines sous l'angle racial. Alexandre Moreau de Jonnès, le fondateur de la Statistique générale de la France, la SGF, ancêtre de l'INSEE, consacre en 1856 un ouvrage entier aux races de la France. Il en dénombre 13 dont il donne l'effectif parfois à l'unité près. Il y a bien sûr des Celtes, des Germains, des Burgondes, des « Northmen ou Normands », mais aussi des « Kymris » (3 620 000 en tout), des « Hélvétiens » et des Corses. Presque au même moment paraît le livre de Gobineau consacré à l'inégalité des races humaines. La notion n'est pas encore justifiée par la biologie, mais trois ans plus tard arrive le livre fondamental de Darwin sur l'origine des espèces. Ce qui n'était jusqu'alors que de vagues classifications

2 Ses cours d'anthropologie et de géographie sont en revanche émaillés de remarques désobligeantes sur divers groupes humains qui reflètent plus les préjugés de son époque qu'une réflexion philosophique.

fondées sur l'apparence physique ou les traits culturels est réarrangé dans le sens d'une évolution de l'espèce humaine avec ses rameaux les plus avancés et les plus en retard. Le disciple et propagateur du darwinisme en Allemagne, Ernst Haeckel, publie ainsi dans un de ses best-sellers un arbre généalogique des races humaines étalé sur le planisphère à partir d'un point unique dans l'océan Indien qu'il désigne par le terme «paradis». À la fin du XIXe, sous l'étiquette du darwinisme social, le racisme devient de plus en plus agressif. C'est une injure faite à Darwin qui, six ans après son livre sur l'évolution, avait combattu les interprétations racistes dans un autre livre consacré à l'ascendance de l'homme. Les prétendues races humaines ne sont plus considérées par les darwinistes sociaux comme des composantes de l'espèce humaine mais comme des espèces séparées.

Ce mouvement idéologique a coïncidé avec l'extension coloniale des nations européennes, mais ce n'est pas la seule explication car des pays comme la Suède ou les États-Unis ont produit des écrits racistes et pris des mesures eugéniques de stérilisation des personnes jugées inaptes dès l'avant-guerre de 1914 alors qu'ils n'avaient pas ou peu de colonies. Cependant, une première flambée à caractère racial avait existé en Espagne au moment colonial de la conquête de l'Amérique, vers la fin du XVe siècle. Pour la première fois en Europe, la question de la pureté du sang, *limpieza de sangre*, avait été posée, suscitant les controverses pour savoir si les Indiens avaient une âme puisqu'ils ne pouvaient pas appartenir à la descendance de Noé, père de la seule famille ayant survécu au Déluge. Néanmoins, ce mouvement s'était limité à l'Espagne.

Les doctrines racistes ont atteint leur apogée sous l'Allemagne nazie avec les massacres des Juifs, accusés de ne pas appartenir à la race humaine, des Russes, les Slaves étant considérés comme des sous-hommes, et de bien d'autres groupes, comme les Gitans par exemple.

Masque ndeemba, République démocratique du Congo

La défaite de l'Allemagne a repoussé pour un temps le démon du racisme, notamment le racisme prétendument scientifique dont le darwinisme social était une composante. Le mouvement de balancier entre l'égalité *a priori* de tous les hommes et, à l'inverse, l'inégalité des populations auxquelles ils appartiennent semble avoir repris la bonne direction engagée à l'âge classique. Le célèbre discours de Claude Lévi-Strauss à l'Unesco intitulé *Race et histoire* et l'accueil unanime qu'il a reçu en offrent un indice marquant, même si les tentatives de division de l'humanité en groupes distincts subsistent ou réapparaissent. L'Apartheid en Afrique du Sud en fut un exemple. Plus près de nous, tandis que les statisticiens américains cherchent le moyen de sortir de leurs classifications «ethnoraciales[3]», d'autres voix en France plaident pour l'établissement d'une statistique ethnique. Devenir humain : nous y sommes parvenus au moment où la science a pris son essor en Europe. La difficulté est maintenant de le rester.

3 Kenneth Prewitt, ancien directeur du Bureau of Census (l'INSEE américain) relate ses efforts dans cette direction dans son récent livre *What is your race?* (Princeton University Press, 2014).

-

GILLES PISON

-

DIRECTEUR DE RECHERCHE À L'INED,
RÉDACTEUR EN CHEF DE *POPULATION ET SOCIÉTÉS*

Gilles Pison, auteur ou co-auteur des plus grandes expositions sur la démographie et son évolution, attire l'attention, à juste raison, sur ce que le nouveau musée doit dire et présenter en termes d'histoire des peuplements, d'état actuel du peuplement du monde et surtout de ses perspectives d'évolution, certaines à court terme, d'autres évidemment hypothétiques à plus long terme. Son message est clair : le musée se doit de faire un constat froid sur l'émigration et sa nécessité, son péril mais sa mesure raisonnable, les risques d'implosion, d'explosion ou d'équilibre démographiques de l'humanité.

YC

7 MILLIARDS D'HOMMES. SOMMES-NOUS TROP NOMBREUX SUR TERRE ?

Combien serons-nous dans cinquante ans ? Combien la Terre peut-elle supporter d'habitants ? L'humanité s'accroît rapidement, suscitant la crainte de la surpopulation. D'autres spectres hantent les esprits, comme le vieillissement démographique ou l'immigration. Le rôle du musée de l'Homme n'est ni d'amplifier ni de minimiser les problèmes de population mais bien d'alimenter le débat en fournissant des données aussi objectives que possible sur la situation et les tendances démographiques actuelles, la question en toile de fond étant de savoir combien la Terre comptera d'habitants demain et à quoi ressemblera la population mondiale.

LA PEUR DE « L'EXPLOSION DÉMOGRAPHIQUE »...

La population mondiale a franchi le seuil de 7 milliards d'habitants en 2011. Elle n'en comptait qu'un milliard en 1800 et s'est donc multipliée par sept en un peu plus de deux siècles. Pour anticiper son évolution future, les démographes disposent d'un outil que les économistes leur envient : les projections de population, très solides pour les décennies à venir. Elles indiquent que la population devrait continuer à croître et pourrait atteindre 9 à 10 milliards en 2050. Cette augmentation de la population s'explique par l'excédent des naissances sur les décès : les premières sont trois fois plus nombreuses que les seconds. Cet excédent apparaît il y a deux siècles en Europe et en Amérique du Nord lorsque la mortalité commence à baisser dans ces régions, marquant les débuts de ce que les scientifiques appellent la transition démographique. Il s'étend ensuite au reste de la planète, lorsque les progrès de l'hygiène et de la médecine et les avancées socioéconomiques atteignent les autres continents.

... ALORS QUE LA CROISSANCE DÉMOGRAPHIQUE DÉCÉLÈRE

La croissance démographique a atteint un taux maximum de plus de 2 % par an il y a cinquante ans, et a diminué de moitié depuis (1,1 % en 2015). Elle devrait continuer de baisser dans les prochaines décennies en raison de la diminution de la fécondité : 2,5 enfants en moyenne par femme dans le monde en 2015, contre le double (cinq enfants) en 1950. Parmi les régions du monde dans lesquelles la fécondité est encore élevée (supérieure à trois enfants), on trouve en 2015 presque toute l'Afrique sub saharienne et les régions allant de l'Afghanistan jusqu'au nord de l'Inde en passant par le Pakistan. C'est dans cet espace que se concentrera l'essentiel de la croissance démographique mondiale dans l'avenir.

À COURT TERME : UNE VOIE EN GRANDE PARTIE TRACÉE

Si l'avenir n'est évidemment pas écrit, ces projections démographiques sont relativement sûres quant à l'effectif de la population à court terme, sur les dix, vingt ou trente prochaines années. La majorité des hommes et des femmes qui vivront en 2050 sont déjà nés, on connaît leur nombre et on peut estimer sans trop d'erreurs la part des humains d'aujourd'hui qui ne seront plus en vie. Le nombre de naissances à venir peut également être estimé car on connaît déjà les effectifs de femmes qui mettront au monde des enfants dans les vingt prochaines années. Il est donc possible d'émettre des hypothèses sur le nombre d'enfants à naître, là aussi sans trop d'erreurs.

Il est illusoire de penser pouvoir agir sur le nombre des hommes à court terme. La diminution de la population, prônée par certains, n'est pas une option. Comment l'obtenir ? Par une hausse de la mortalité ? Personne ne le souhaite. Par une émigration massive vers la planète Mars ? Irréaliste. Par une baisse drastique de la fécondité et son maintien à un niveau très inférieur au seuil de remplacement (2,1 enfants) pendant longtemps ? C'est déjà ce qui se passe dans une grande partie du monde, les hommes ayant fait le choix d'avoir peu d'enfants tout en leur assurant une vie longue et de qualité. Pourtant, cela n'entraîne pas tout de suite une diminution de la population en raison de l'inertie démographique. Même si la fécondité mondiale n'était que de 1,5 enfant par femme, comme en Chine, la population continuerait d'augmenter pendant encore quelques décennies puisqu'elle inclut beaucoup d'adultes en âge d'avoir des enfants, nés lorsque la fécondité était encore forte, ce qui entraîne un nombre élevé de naissances. Les personnes âgées ou très âgées sont en revanche peu nombreuses et le nombre de décès est faible. Pour que la population diminue immédiatement et en masse, il faudrait un événement cataclysmique, par exemple la chute d'une météorite semblable à celle tombée il y a 65 millions d'années et qui fut l'une des causes de la disparition des dinosaures.

UNE ESPÈCE ÉTONNANTE : LE DIXIÈME DES INDIVIDUS JAMAIS NÉS EST EN VIE

Autour de 80 milliards d'hommes seraient nés sur Terre depuis le début de l'humanité. Ce chiffre est obtenu en supposant un taux annuel de natalité de 40 naissances pour 1 000 habitants pendant presque toute l'histoire humaine, un chiffre observé dans beaucoup de sociétés historiques ne pratiquant pas la limitation des naissances. Ce calcul repose aussi sur l'hypothèse selon laquelle l'humanité comptait en moyenne 100 000 individus au Paléolithique et que ce chiffre a été multiplié par cinq à la fin de cette période, au Paléolithique supérieur, puis par dix au Néolithique. L'humanité aurait ainsi compté 5 millions d'individus en 10 000 avant Jésus-Christ. Elle aurait augmenté ensuite, mais très lentement, pour atteindre 250 millions au début de notre ère puis 1 milliard en 1800. À partir de 1800, la croissance devient très rapide, et les chiffres sont relativement mieux connus : 2 milliards en 1927, 3 en 1960, 4 en 1974, 5 en 1987, 6 en 1999, 7 en 2011. Certes, le chiffre de 80 milliards est incertain. D'abord, comment dater le début de l'histoire de l'humanité ? Ici, le point de départ est placé à 200 000 ans avant Jésus-Christ, moment où serait apparue notre espèce, *Homo sapiens*. Repousser cette origine plus loin dans le passé entraînerait une hausse de l'effectif total, mais l'augmentation resterait modeste : 400 millions en plus par 100 000 ans supplémentaires. Une autre source d'incertitude tient à l'estimation du nombre des hommes. On ne le connaît bien que pour les derniers siècles. Avant, on en est réduit aux hypothèses, notamment pour la préhistoire. Mais en supposant une population dix fois plus importante pendant la période ayant occupé le gros de l'histoire humaine, le Paléolithique – 1 million d'individus au lieu de 100 000 – on ne rajoute que 10 milliards au total jamais nés – 90 milliards au lieu de 80.

Sur les 80 milliards d'humains, près d'un sur deux est né au cours des deux derniers millénaires (depuis l'an 1), près d'un sur quatre (18 milliards) durant les deux derniers siècles, et près d'un sur dix (7,3 milliards) est encore en vie aujourd'hui (en 2015). À part le moment où une nouvelle espèce apparaît, cette situation où les membres en vie d'une espèce représentent le dixième de l'effectif total des individus jamais nés est exceptionnelle dans le monde vivant. Elle tient à l'histoire démographique très particulière de notre espèce.

Aucun de nous ne réalise combien la période actuelle est unique. Jamais avant le XXe siècle la population mondiale n'avait augmenté aussi rapidement, et cela ne se reproduira probablement jamais plus. Aucun homme ayant vécu avant 1930 n'a jamais été témoin d'un doublement de la population mondiale ; et probablement qu'aucune personne née au XXIe siècle ou après n'assistera à un tel doublement. En revanche, tous les adultes de 40 ans ou plus vivant en 2000 ont vu la population mondiale plus que doubler depuis qu'ils sont nés.

LA PEUR DU « PÉRIL NOIR » EN VOIE DE REMPLACER CELLE DU « PÉRIL JAUNE »

L'un des grands changements à venir est le formidable accroissement de la population de l'Afrique qui, Afrique du Nord comprise, pourrait quadrupler d'ici un siècle, passant d'un milliard d'habitants en 2010 à probablement 2,5 milliards en 2050 et plus de 4 en 2100, ceci malgré l'épidémie de sida. Alors qu'en 2015 un homme sur six vit en Afrique, ce sera probablement plus d'un sur trois en 2100. L'accroissement devrait être particulièrement important en Afrique au sud du Sahara où la population pourrait passer d'un peu plus de 800 millions d'habitants en 2010 à près de 3,8 milliards en 2100. Le Nigeria pourrait compter plus d'un milliard d'habitants au XXIIe siècle et être alors le deuxième pays le plus peuplé de la planète, derrière l'Inde, mais devant la Chine. Face à l'essor démographique de l'Afrique, certains imaginent des hordes d'Africains se déversant en Europe à la façon de vases communicants. Il y a près de cinquante ans, c'était la Chine qui faisait peur. Jacques Dutronc chantait « 700 millions de Chinois ... et moi et moi et moi ». Leur population augmentait rapidement, ils souffraient de faim, et on craignait qu'ils ne déferlent en Europe. Un demi-siècle plus tard, ils sont deux fois plus nombreux, mais ils n'ont pas déferlé sur l'Occident, ce sont leurs produits qui l'ont fait. Il y a cinquante ans, la crainte était celle du « péril jaune ». Faut-il recommencer avec le « péril noir » ?

Masque okuyi
(mukuyi), Gabon

Les hommes ont toujours migré, c'est ainsi qu'ils ont peuplé toute la planète. Les immigrés, c'est-à-dire les personnes vivant dans un autre pays que celui où elles sont nées, seraient au total 231 millions en 2013 d'après les Nations unies. Ils ne représentent qu'une faible minorité de la population mondiale (3,2 %), la plupart des humains vivant dans leur pays de naissance. La proportion d'immigrés n'a que très légèrement augmenté au cours des dernières décennies (elle était de 2,3 % en 1965 et de 2,9 % en 1990). Elle n'a sans doute que peu changé également en cent ans.

En revanche, la répartition des immigrés n'est plus la même qu'il y a un siècle. Le « renversement des flux migratoires » entre le Nord et le Sud, selon l'expression d'Alfred Sauvy, l'explique en partie : les pays du Sud fournissent désormais une part importante des migrants internationaux. Ceux-ci se répartissent aujourd'hui en trois groupes à peu près équilibrés en nombre : les migrants nés au Sud et vivant au Nord (82 millions en 2013), les migrants Sud-Sud, qui ont migré d'un pays du Sud vers un autre pays du Sud (82 millions), et les migrants Nord-Nord (54 millions). Le groupe dominant il y a un siècle, les personnes nées au Nord ayant migré au Sud, est aujourd'hui nettement moins important (14 millions).

Les migrations vont jouer un rôle majeur dans la redistribution de la hiérarchie des puissances mondiales, notamment au Nord. Le Japon, par exemple, risque de perdre sa place de grande puissance s'il n'accueille pas davantage d'immigrés. Avec un taux de natalité réduit et un nombre de décès important, la population japonaise pourrait passer de 127 millions en 2015 à 84 millions à la fin du siècle. Les Japonais ont beau travailler plus longtemps, le pays manque de main-d'œuvre, sans compter le poids croissant des personnes âgées. Le Japon ne s'ouvre que timidement aux immigrés en essayant pour l'instant de faire revenir sa diaspora, notamment les Brésiliens descendants de Japonais émigrés au Brésil au début du XXe siècle. Il accueille aussi des Coréens ou des ressortissants d'autres pays asiatiques proches. Mais cette ouverture reste limitée et il n'est

pas question pour l'instant d'aller chercher des personnes en Afrique. Dans ce pays sans tradition d'immigration, la population a du mal à accepter l'idée que les Japonais de demain pourraient être un peu plus foncés de peau et métissés que ceux d'aujourd'hui.
Dans l'Union européenne, l'immigration fait aussi débat, mais la population semble mieux disposée, notamment dans les pays ayant une longue tradition d'immigration comme la France, mais aussi dans d'autres pays comme l'Allemagne. Alors que cette dernière était encore un pays de droit du sang il y a peu, elle a surpris en ouvrant largement ses frontières. Sa démographie est proche de celle du Japon, avec nettement plus de décès que de naissances, mais l'immigration devrait lui permettre de préserver son leadership économique. Les mentalités évoluent, et sera probablement de plus en plus considéré comme allemand celui qui parle la langue de Goethe.

Même si la France, qui a encore un excédent des naissances sur les décès, a moins besoin d'immigrés que l'Allemagne, elle a intérêt également à faire ce choix d'ouverture plus large à l'immigration. Le problème, c'est qu'elle n'est pas aussi attractive que l'Allemagne pour attirer les immigrés les mieux formés et doit ajuster son offre d'accueil. Il est dépassé le temps de la politique « d'immigration choisie » où certains pensaient que c'étaient les pays du Nord qui choisissaient leur main-d'œuvre ; en fait, globalement, ce sont les immigrés qui décident où s'installer. La France doit réaliser qu'elle est bien un pays d'immigration, et l'un des premiers, ce qu'elle a toujours du mal à assumer.
Les États-Unis n'ont pas ces blocages, ils ont toujours accueilli et intégré des immigrés en grand nombre. Sans cet apport extérieur, ils n'auraient pas pu croître démographiquement et économiquement, et ne pourraient pas être la première ou la deuxième puissance économique mondiale. Leur dynamisme migratoire est une des clés de leur réussite. Les pays riches n'ont pas à avoir peur de l'ouverture et du métissage. C'est l'avenir. Le musée de l'Homme est là pour l'expliquer.

LA PEUR DE «L'IMPLOSION DÉMOGRAPHIQUE» APRÈS CELLE DE L'EXPLOSION

Si les évolutions démographiques sont en partie connues à court terme, au-delà des cinquante prochaines années, l'avenir est en revanche plein d'interrogations, sans modèle sur lequel s'appuyer. Celui de la transition démographique, qui a fait ses preuves pour les évolutions des deux derniers siècles, ne nous est plus guère utile pour le futur. L'une des grandes incertitudes porte sur la fécondité. Si la famille de très petite taille devient un modèle dominant de façon durable, avec une fécondité moyenne inférieure à deux enfants par femme, la population mondiale, après avoir atteint le niveau maximum de 9 milliards d'habitants, diminuerait inexorablement jusqu'à l'extinction à terme. Mais un autre scénario est possible dans lequel la fécondité remonterait dans les pays où elle est très basse pour se stabiliser à l'échelle mondiale au-dessus de deux enfants. La conséquence en serait une croissance ininterrompue, et à nouveau la disparition de l'espèce à terme, mais cette fois par surnombre. Si l'on ne se résout pas aux scénarios catastrophes de fin de l'humanité, par implosion ou explosion, il faut imaginer un scénario de retour à l'équilibre, à terme.

Certes, les hommes doivent dès maintenant réfléchir à un équilibre à long terme, mais l'urgence est le court terme – les prochaines décennies. L'humanité n'échappera pas à un surcroît de 2 à 4 milliards d'habitants d'ici un siècle, car nul ne pourra empêcher l'inertie démographique. Mais il est possible en revanche d'agir sur les modes de vie, et ceci sans attendre, afin de les rendre plus respectueux de l'environnement et plus économes en ressources. La vraie question, celle dont dépend la survie de l'espèce humaine à terme, est finalement moins celle du nombre des hommes que celle de leurs modes de vie.

Statuette de divination nkisi, République démocratique du Congo

-

ÉVELYNE HEYER

-

BIOLOGISTE, PROFESSEUR AU MNHN
EN ANTHROPOLOGIE GÉNÉTIQUE

Évelyne Heyer nous propose un éclairage génétique éclatant celui classique de l'hérédité que l'on connaît ainsi que celui évident mais auquel on réfléchit moins (je parle pour moi) et qui, pourtant, entraîne des conséquences essentielles : l'interaction permanente des formes variées de la culture, « qui se reproduit avec qui », en fonction des structures sociales, des identités culturelles fortes (langue, religion, castes), des critères identitaires que tout groupe humain fabrique pour se démarquer des voisins, des migrations et par suite, bien sûr, de la géographie etc. L'Humain est un animal social, conclut-elle, mais aussi un animal curieux !

YC

COMMENT DEVIENT-ON HUMAIN ?

Un être humain, comme tout être vivant, est le produit de l'évolution, c'est-à-dire d'une somme d'événements dus au hasard et à la sélection. Ce processus évolutif continue, même si nous avons l'impression, dans notre vision occidentale, que l'Homme est sorti de la nature, qu'il est « dénaturé » et qu'il échapperait donc à cette évolution biologique.

LA TRANSMISSION DE TRAITS CULTURELS ET NOTRE ÉVOLUTION GÉNÉTIQUE

Au cours de l'évolution, le hasard est impliqué dans l'apparition des mutations génétiques et leur devenir au fil des générations : la majorité de ces nouvelles mutations disparaissent, d'autres augmentent en fréquence par le jeu du hasard de la reproduction qui se joue à chaque génération. De plus, la sélection agit sur certaines de ces mutations en permettant des adaptations. Elles vont alors se répandre rapidement au fil des générations : ceux qui les portent survivent mieux et/ou se reproduisent mieux, ils ont un meilleur succès reproducteur. D'autres mutations, au contraire, sont délétères et disparaissent car ceux qui les portent survivent moins bien et/ou se reproduisent moins bien, ils ont un moins bon succès reproducteur. Il est d'ailleurs vertigineux de penser que nous sommes des descendants de millions de générations d'individus ou d'organismes qui ont réussi à ce jeu de l'évolution depuis les premiers organismes unicellulaires.

Le fait de produire et de transmettre de la culture[1] ne nous exclut pas de ces mécanismes du vivant. La culture interagit avec ce processus, l'intensifiant ou l'atténuant selon les cas. Par exemple, en changeant son environnement, l'Homme crée de nouveaux milieux où peuvent avoir lieu de nouvelles sélections favorisant ou défavorisant certains variants génétiques. Et comme l'évolution est une histoire de reproduction, il est évident que la culture va intervenir, car « qui va se reproduire et avec qui » dépend non seulement de facteurs biologiques mais aussi de facteurs culturels.

Chez l'Homme, souvent, le succès reproducteur est transmis d'une génération à la suivante, soit parce que des « traditions » de taille des familles sont transmises, soit parce que ce succès reproducteur dépend de paramètres culturels. Dans le cas, fréquent, où ces paramètres culturels sont aussi transmis, la génération suivante aura un succès reproducteur qui dépend de la génération précédente. Il a pu être observé que plus on est riche ou de statut social élevé, plus on a d'enfants ; ce statut ou cette richesse étant transmis socialement, la génération suivante aura à son tour un meilleur succès reproducteur. Ainsi, d'une génération à la suivante, le succès reproducteur est transmis culturellement ! En France, une étude de l'INSEE montre par exemple que le succès reproducteur des hommes nés dans les années 1960 est corrélé positivement à leur catégorie socioprofessionnelle et d'autres études montrent que le nombre d'enfants d'un couple dépend du nombre de frères et sœurs des époux, autrement dit au succès reproducteur de leurs parents.

Chez les Maoris en Nouvelle-Zélande, le haut statut social d'une femme favorisait son accès aux ressources et donc la survie de ses

1 J'emploie le mot «culture» au sens large, ce terme englobe ici le social, le mode de vie, le religieux, les valeurs... et ne se limite pas à la culture matérielle et technologique.

enfants ; ce statut social était transmis à ses filles, dont les enfants à leur tour avaient une meilleure survie. Chez les Amérindiens d'Amérique du Sud, le niveau de polygamie d'un homme était transmis à son fils. Au Québec, les familles à fort succès reproducteur avaient elles-mêmes des enfants à fort succès reproducteur dans la population, le facteur important étant ici la migration : dans certaines familles, les enfants émigraient, limitant le succès reproducteur des parents dans la population, alors que dans d'autres familles, tous les enfants restaient sur place et se mariaient, donnant alors un très fort succès reproducteur à leurs parents. Cette propension à l'émigration était transmise d'une génération à la suivante : on migre d'autant plus que l'on est issu d'une famille de migrants. À tel point qu'un des premiers migrants en Nouvelle-France au XVIIe siècle, Zacharie Cloutier, a aujourd'hui plusieurs millions de descendants au Québec. Son fort succès reproducteur s'est transmis de génération en génération. Ainsi, les variants génétiques portés par ceux qui ont un fort succès reproducteur transmis au fil des générations par des mécanismes socioculturels vont être transmis comme s'ils étaient avantageux biologiquement et augmenter en fréquence. De plus, cette transmission culturelle du succès reproducteur augmente les différences génétiques entre les populations humaines.

QUI SE MARIE AVEC QUI ?

Dès les années 1960-1970, les premières études sur la génétique humaine ont rendu compte de l'unité et de la diversité génétique de notre espèce. Si l'on regarde la répartition de cette diversité, pour l'essentiel, les différences ne sont pas entre les populations humaines dans leur globalité, mais plutôt entre les individus qui composent ces populations. C'était l'idée forte de l'exposition *Tous parents – tous différents* présentée au musée de l'Homme dès 1992. Dernièrement, un grand bond technologique a eu lieu avec le séquençage du génome humain, qui permet de travailler à l'échelle de l'individu :

comparer les individus entre eux, et ce, sur plusieurs millions de marqueurs répartis dans tout le génome. Il a été possible de calculer que, parmi les 3 milliards de nucléotides dont est formé l'ADN d'un individu, environ un pour mille diffère entre deux individus : si l'on compare l'ADN de deux individus, on trouve en moyenne 3 millions de nucléotides différents. Si l'on compare deux individus de populations différentes, ce nombre atteint en moyenne 3 150 000 : il n'est que légèrement supérieur de 150 000 différences, soit environ 5 %, à celui qui distingue deux individus de la même population. Autrement dit, deux individus de deux populations différentes diffèrent finalement très peu de deux individus issus de la même population. Notre espèce montre une faible différence génétique entre les populations.

Ces nouvelles données, dites « tour du génome » (*genome-wide*), ont confirmé ce que l'on savait déjà, le fort lien entre proximités génétiques et géographiques : plus deux populations humaines ou deux individus sont d'origines géographiques proches, plus ils sont proches génétiquement sur l'ensemble de leur génome, si l'on exclut les populations dites métisses. Or, ce qui façonne les ressemblances génétiques entre les populations, c'est l'échange de migrants entre deux populations. Plus les échanges migratoires sont intenses, plus deux populations se ressemblent génétiquement. Ainsi, cette proximité génétique liée à la géographie montre bien l'importance de la migration dans notre espèce : nous sommes issus d'une longue lignée d'individus qui ont bougé, migré, et ce, depuis des centaines de milliers d'années. C'est d'ailleurs un des aspects qui distingue l'Humain de ses cousins comme le Chimpanzé, le Bonobo, le Gorille : l'Homme a migré, il est sorti de son écosystème naturel, la zone tropicale africaine. Plusieurs migrations ont fait sortir d'Afrique différents membres des lignées humaines. Ainsi, les paléoanthropologues datent grâce à des restes humains les premières migrations hors d'Afrique aux environs de 2 millions d'années ! D'autres migrations lui ont succédé, dont celle d'*Homo sapiens*, notre espèce, aux environs de 100 000 ans. C'est à cette période qu'il rencontre

Crâne surmodelé,
Vanuatu

des descendants d'une des sorties d'Afrique précédentes : l'Homme de Néandertal. Il y a eu croisements, et tous les Hommes hors d'Afrique portent en eux entre 2 et 3% de leur génome qui vient de Néandertal. Il est à noter que comme Néandertal est très peu différent génétiquement de *Sapiens,* cela n'entraîne que très peu de changement...

Homo sapiens poursuit ce mouvement migratoire puisqu'il va coloniser toute la planète. Il est important de bien rappeler que tous les individus ne migrent pas au cours de leur vie, seulement une partie d'entre eux et que ces « grandes migrations » se sont accomplies en plusieurs dizaines de milliers d'années.

Les données génétiques permettent de montrer qu'au-delà de ces grandes vagues d'expansion, notre histoire est aussi marquée par les migrations qui ont eu lieu de proche en proche, entre populations voisines essentiellement par des échanges de conjoints. Ces échanges migratoires entre populations voisines ne sont pas l'apanage des humains. Par exemple, chez les primates non humains, il y a des échanges soit de femelles soit de mâles entre groupes voisins. L'Homme ne découvre pas l'exogamie, l'évitement de l'inceste biologique existe aussi chez un grand nombre d'espèces animales.

La culture joue sur ces migrations. Tout d'abord, selon l'organisation sociale : dans les sociétés matrilocales, ce sont essentiellement les hommes qui migrent entre les populations ; inversement dans les sociétés patrilocales, ce sont les femmes qui migrent. Comme on estime que 80 % des sociétés humaines sont patrilocales, dans notre espèce, ce sont surtout les femmes qui ont migré. D'autre part, ce comportement migratoire serait transmis d'une génération à la suivante : là où cela a pu être étudié, on constate que les migrants sont souvent issus de familles qui ont elles-mêmes migré, alors que les non-migrants sont issus de familles plutôt stables sur plusieurs générations (comme on l'a vu dans la section précédente). Et finalement, des aspects culturels peuvent faciliter ou freiner les échanges migratoires entre des populations, tels que la religion, la langue...

Ainsi, dans différentes régions du monde, la proximité linguistique facilite les échanges de migrants entre les populations, alors que les différences de langues tendent à les réduire. La langue parlée est en effet un des marqueurs identitaires forts d'une culture. La plupart des travaux des ethnologues et des sociologues montrent que les populations humaines tendent à se différencier de leurs voisins à l'aide de critères identitaires comme la religion l'organisation sociale (les castes, les règles de filiation, de résidence...). Certains de ces traits socioculturels influencent les migrations liées au mariage en limitant (ou non) les échanges de conjoints entre différents groupes. L'Homme est un animal social qui crée de la société et certains des aspects sociaux en retour influencent la répartition de la diversité génétique, un des aspects de l'évolution. C'est aussi pour cette raison que l'on trouve une concordance entre la diversité génétique et la diversité de certains traits culturels comme la langue.

Actuellement, il est difficile de dire si l'on migre plus ou moins que dans le passé. En effet, la migration est aussi une question d'échelle géographique. Les dernières statistiques de l'ONU estiment que 97 % des humains vivent dans le pays où ils sont nés, mais par définition, cela ne comptabilise pas les migrations à l'intérieur des pays. Ce qui est sûr, c'est que dans le cadre de la mondialisation, on observe une intensification des contacts entre individus d'origines géographiques éloignées. À long terme, il est vraisemblable que cela augmente la diversité génétique à l'intérieur des populations et que les différences entre les populations se réduisent. À court terme, il est difficile de prévoir ce qui se passera, en effet, dans certains cas la migration semble renforcer une endogamie, un renfermement du groupe, comme cela a été montré dans la communauté pakistanaise en Angleterre. À l'opposé, on voit bien comment des sociétés comme le Brésil sont le lieu d'une riche diversité issue des métissages.

Pourquoi l'Homme a-t-il migré et continue à migrer ? Si, pour les périodes récentes, on connaît des raisons économiques et politiques (demande d'asile), qui d'ailleurs ne sauraient expliquer toutes les migrations, nous ne connaîtrons certainement jamais les motivations des migrants d'il y a plusieurs dizaines de milliers d'années. Mon point de vue sur cette question serait qu'un des moteurs de ces migrations du passé est la curiosité. Les chercheurs en neuro-sciences le disent, notre cerveau « est fait pour » produire de nouvelles idées. On pourrait résumer ainsi : « L'Homme est un animal curieux. » Je pense que la curiosité d'aller ailleurs, au-delà de l'horizon, de migrer a toujours existé chez certains individus. Ainsi, la génétique ne sert pas uniquement à « trouver le gène de... » ou à comparer des empreintes génétiques sur une scène de crime. Elle nous permet aussi de nous plonger dans notre passé, qu'il soit éloigné ou beaucoup plus proche. C'est un nouvel outil qui permet de comprendre l'Homme, ce que nous sommes, d'où nous venons et d'évoquer ce que nous pourrions devenir... ou non. En complément de l'ethnologie, la génétique permet de retracer des comportements sur plusieurs générations et aussi de révéler des aspects culturels quelquefois « cachés » par le discours. C'est donc assez naturellement que dans la galerie permanente du musée de l'Homme, cette discipline est convoquée par touche dans toutes les parties du parcours pour exposer une avancée et aussi donner un éclairage peut-être inattendu.

Masque-ventre amwalindembo,
Tanzanie

-

ANDRÉ LANGANEY

-

GÉNÉTICIEN, SPÉCIALISTE DE L'ÉVOLUTION ET DE LA GÉNÉTIQUE DES POPULATIONS

André Langaney a été très lié au musée de l'Homme de nombreuses années. Son texte, comme il me l'a bien précisé, est modéré et c'est vrai ! Après une mise en bouche historique de l'Institution,– sur les conditions de sa naissance et son long passé, n'ayant survécu qu'à coups d'expositions temporaires et de rénovations très partielles – André Langaney se réjouit comme nous tous, de sa renaissance due à son prestige ; la suite est scientifique et passionnante, belle démonstration de l'unité de l'Humanité et de la diversité des individus et de leurs sociétés. Mais cette diversité a un revers, l'inégalité des territoires et des ressources, entraînant compétitions et meurtres collectifs. Au bout de ce sombre constat, l'auteur n'en jette pas moins un espoir : une « gestion globale et équitable » et une réserve : gestion « aussi improbable qu'urgente » !

YC

POUR UN MUSÉE DE L'ANIMAL HUMAIN

Lors de sa fondation, en 1937, le musée de l'Homme réalisait une étrange synthèse entre l'anthropologie de l'époque, marquée au fer rouge du passé esclavagiste et de l'ère coloniale, et les idées progressistes de certains de ses fondateurs, à commencer par Paul Rivet. La culture et l'esthétique, valorisées par la mode de l'exotisme, y occupaient beaucoup d'espace, lourdement biaisées par le contexte de « l'empire français » et par les spécialités américaniste et africaniste de ses principaux acteurs. La préhistoire était limitée aux connaissances de l'époque, tandis que le musée s'ouvrait sur une collection de squelettes et crânes illustrant les préjugés racistes de l'anthropologie « physique » coloniale d'avant-guerre. Malgré le progressisme de Rivet, l'humanité était divisée en races différant de manière irréductible, tant par leurs aspects physiques que par leurs mœurs et leurs compétences, vues d'Europe. Certaines populations étaient désignées, tout au long des galeries, par des termes péjoratifs et, au mieux, on s'émerveillait que certains « primitifs » non européens aient développé des techniques, des arts et des civilisations sophistiqués.

Par suite de la négligence des autorités de tutelle et de responsables plus préoccupés de leurs recherches personnelles que de l'état des galeries publiques, pourtant fréquentées par des centaines de milliers de visiteurs et de scolaires, les choses sont restées en l'état jusqu'aux années 1970, alors que les sciences sous-jacentes se transformaient totalement et que de nouvelles données bousculaient tout ce que l'on pensait des origines et des diversités humaines, tant biologiques que culturelles. Ces nouvelles connaissances sont d'abord arrivées dans le musée par le biais d'expositions temporaires ou de rénovations sommaires, sur les origines de l'Homme, sur certaines cultures, puis sur la diversité biologique. Elles ont imposé une remise en cause de contenus « permanents » à peine changés depuis 1937. Certaines expositions « temporaires » s'éternisaient dans des galeries permanentes, bricolées avec les moyens du bord. En interne s'opposaient deux visions du musée. L'une, classique, défendue surtout par des ethnologues, voulait tout organiser autour de collections à valoriser, en particulier en fonction de leur valeur esthétique. L'autre voulait un musée d'idées, appuyées, chaque fois que possible, sur les collections, mais aussi sur des dispositifs muséographiques créés pour l'occasion, en fonction des sujets et de l'actualité des sciences. Cette dernière exige une « rénovation permanente », plutôt que des galeries permanentes. Une rénovation totale devenue nécessaire, plus de dix projets, partiels ou globaux, virent le jour en vingt ans, rarement soutenus par les tutelles, jamais réalisés de fond en comble ; ceci avant que la fermeture définitive du musée de l'Homme ne soit envisagée par la tutelle, au profit de la réalisation du projet présidentiel dit des « Arts premiers », qui était pourtant bien différent. Comme le musée du Quai-Branly en témoigne, les problématiques des origines humaines et de la diversité biologique, revues à travers les découvertes récentes considérables de la paléontologie humaine et de la génétique, seraient passées à la trappe, alors que c'étaient elles qui avaient maintenu l'intérêt pour le musée de l'Homme à travers des expositions temporaires à succès et une communication médiatique intense. Cette aberration fut évitée grâce à des actions syndicales et politiques déterminées des personnels et des principaux responsables du Muséum national d'histoire naturelle, de la communauté scientifique, de ses réseaux nationaux et internationaux et de multiples sympathisants de par le monde. Finalement, la tutelle convint que le musée de l'Homme était un musée prestigieux de grande réputation internationale et qu'il valait mieux le rénover que le fermer. Surtout à une époque où les questions d'origines et de diversité humaine sont au centre de problématiques sociales quotidiennes récurrentes ! La perte des collections d'ethnographie en faveur du Quai Branly était un rude coup. Ce pouvait être, aussi, l'occasion de concevoir de nouvelles présentations plus synthétiques et attrayantes de la diversité culturelle, comme celle réalisée dans l'exposition *Nous autres*, par Ninian Hubert van Blyenburgh et Philippe Mathez, en 2005, au musée d'Ethnographie de Genève. L'amputation ethnographique du musée de l'Homme ne rendait que plus évidente sa complémentarité avec le projet du Quai Branly et sa nécessité, malgré les divergences de philosophies entre les deux projets.

COMMENT L'ANIMAL DEVINT HUMAIN, PUIS... INHUMAIN ?

Contrairement à la situation de 1937, la conception du nouveau musée de l'Homme en 2015 part de données paléontologiques, archéologiques et génétiques fiables et vérifiées sur l'origine animale des populations humaines, l'acquisition datée de caractères et de comportements humains, puis de traditions culturelles liées aux milieux fréquentés par les ancêtres des ethnies d'aujourd'hui ou leurs cousins disparus de la préhistoire. Paléontologie et génétique sont parvenues à un schéma consensuel des origines humaines, depuis la lente séparation d'ancêtres africains lointains de leurs cousins ancêtres des gorilles et chimpanzés, il y a 9 à 6 millions d'années. L'épopée de l'« hominisation » n'a pas été un chemin linéaire de perfectionnement, comme on l'imagina longtemps, mais une diversification en « arbre » ou en réseau de nombreuses populations pré-humaines et humaines. Une seule très récente, notre espèce actuelle, survit à ce jour. La totalité des populations humaines d'aujourd'hui, si diversifiées soient-elles, descend d'une souche africaine unique récente, datée, au plus, d'un à deux milliers de siècles. Il faut y ajouter des contributions mineures de plus lointains cousins néandertaliens et peut-être de quelques autres, eux aussi sortis d'Afrique au cours d'émigrations plus anciennes. Comme dans toutes les populations animales sexuées, les différences génétiques entre deux humains non jumeaux sont considérables. Chacun possède une carte d'identité génétique et chimique unique. Chaque population est constituée d'individus très différents les uns des autres. Mais l'origine commune récente des populations actuelles n'a produit que de faibles différences génétiques globales entre ces populations. Par contre, elle a suffi pour diversifier les caractères externes du corps, comme les dimensions et les couleurs de peau. Contrairement à la diversité des aspects physiques, la diversité génétique humaine est faite de grandes différences entre individus, au sein des populations et de peu de différences entre populations. L'aspect extérieur des corps humains s'est modelé, coloré, dimensionné et diversifié en fonction des milieux habités et des conditions de vie, créant des ressemblances entre individus de même origine et des différences très visibles entre populations. À l'opposé, les répertoires génétiques pour les autres caractères varient peu entre populations et confirment l'origine unique, récente, du dernier repeuplement de la planète.

De leurs origines animales, les humains ont gardé des caractères biologiques impliquant des relations sociales longtemps considérées comme «le propre de l'Homme». Toutefois, selon les cas, on les retrouve chez l'ensemble des mammifères ou seulement chez nos plus proches cousins animaux, les autres singes. Notre statut de mammifères implique l'allaitement, donc des relations étroites mère-enfant. Elles durent très longtemps chez les grands singes, dont les jeunes naissent très dépendants. Mammifères et primates vulnérables, les humains n'ont pas eu à inventer des familles et des sociétés, comme Jean-Jacques Rousseau l'imaginait, mais les ont héritées de leurs ancêtres animaux. Quand les animaux ne sont pas

MUSÉE DE L'HOMME

ORIGINE ET DIVERSITÉ DES HUMAINS

EXPOSITIONS

LA NUIT DES TEMPS
TOUS PARENTS TOUS DIFFERENTS
6 MILLIARDS D'HOMMES

MUSÉUM NATIONAL
D'HISTOIRE NATURELLE

MUSÉE DE L'HOMME - PALAIS DE CHAILLOT, 17 PLACE DU TROCADÉRO 75016 PARIS
TOUS LES JOURS DE 9H45 À 17H15, SAUF LES MARDIS ET LES JOURS FÉRIÉS

assez forts et organisés pour se défendre et se nourrir par eux-mêmes, ils ont besoin, pour survivre, de parents, d'attachement et de liens sociaux. Ils s'organisent ainsi en sociétés, de structures très différentes selon les espèces, mais peu variables au sein d'une même espèce. En ce sens, les humains sont l'exception, parce qu'ils ont multiplié structures sociales et modes de vie diversifiés, au fil de leur histoire et de la conquête de milieux très différents. Ce qui les oppose aux autres espèces, inféodées à un milieu unique ou à un type d'environnement particulier. D'autres exceptions, limitées, se trouvent parmi nos proches parents, tels les chimpanzés, dont les effectifs et les structures sociales varient un peu, par exemple entre savane et forêt. Par contre, la durée de cohabitation entre mère et enfant et la vie prolongée des jeunes parmi les adultes sont aussi, chez les grands singes, l'occasion de multiples apprentissages, variables d'une population à l'autre ou même d'un endroit à l'autre. Il s'instaure ainsi des traditions différentes entre les populations, non seulement de grands singes, mais aussi d'autres mammifères et d'oiseaux. Entre des populations de chimpanzés sont ainsi apparues des différences de consommations alimentaires et des traditions différentes de fabrication d'outils, de chasse et d'exploitation des ressources.

Chez les animaux sociaux, des mécanismes d'inhibition de l'agression entre membres d'une même communauté ont été décrits par les éthologistes. Certains empêchent l'agression des femelles ou des jeunes ; d'autres, comme la ritualisation des combats ou l'établissement de hiérarchies, limitent les effets des confrontations, entre mâles en particulier. Chez de nombreuses espèces, des comportements d'empathie, la synchronisation des gestes et mouvements, la recherche de contacts physiques gouvernent des attitudes sociales de solidarité, d'entraide et d'amitié entre individus liés par des relations affectives ou sexuelles. Chez des animaux qui possèdent des organisations neuro-hormonales identiques à la nôtre, il ne fait aucun doute que ces relations reposent sur des émotions semblables aux nôtres, même si leur expression, étudiée jadis par Charles Darwin dans un traité remarquable *L'Expression des émotions chez l'homme et les animaux*, ne passe que chez nous par le langage. Les émotions et sentiments qui nous semblent si souvent, comme le rire, le propre de l'humain sont ainsi partagés avec une partie du règne animal. Nous différons surtout des autres, de ce point de vue, par la manière unique dont nous en parlons!

Ceci nous amène à aborder les caractéristiques qui font l'humain, parmi ce que nous partageons avec les espèces les plus proches. Le langage «à double articulation», qui articule les signes et les sens selon une syntaxe, une grammaire, que le cerveau humain semble le seul à maîtriser, est notre plus grande originalité. Il a permis une meilleure transmission de très nombreuses traditions et technologies, ainsi que la diversification extrême des sociétés par l'établissement de barrières culturelles et linguistiques. Une diversification qui a sans doute aggravé les compétitions pour les territoires et les ressources. En particulier après l'accroissement démographique du Néolithique, depuis dix mille ans, quand les humains sont devenus producteurs intensifs de nourriture animale et végétale. Les effectifs de nos ancêtres paléolithiques précédents se comptaient en centaines de milliers, au plus, pour toute la planète, comme ceux de n'importe quelle espèce de grands primates. Les humains néolithiques sont devenus des millions et leurs descendants des milliards. Ils ont bouleversé tant leurs modes de vie que les équilibres écologiques et les paysages du monde. Nous, leurs descendants, compromettons l'avenir par des sociétés de gaspillage de moins en moins «durables», éclatées par des conflits permanents pour les territoires et les ressources. Aux spécificités du langage et de la diversification économique et culturelle, les humains ont ajouté la pratique systématique du meurtre collectif et massif des congénères, inventant les guerres entre populations. On n'en connaît ailleurs, à ce jour, que de bien moins fréquentes... chez les rats et les chimpanzés! Il convient donc de s'interroger sur les facteurs préhistoriques et historiques qui nous ont menés à des cultures de conflits extrêmes, violant sans cesse les mécanismes d'empathie et d'inhibition de l'agression que nous partageons pourtant avec tant d'autres espèces. Somme toute, un élément majeur du propre de l'homme est de devenir, souvent et facilement... inhumain!

QUELLE HUMANITÉ POUR DEMAIN ?

L'espèce humaine est la première et la seule à envisager, pour l'avenir, des projets autres que ceux imposés par la sélection naturelle : survivre et procréer, ou disparaître. Ce qu'elle a parfois fait, société par société, culture par culture, en provoquant des compétitions qui se résolvaient par l'élimination, la soumission ou la conversion des autres. Des cohabitations plus ou moins harmonieuses, entre sociétés et cultures différentes, se sont produites en des temps où elles n'étaient pas en compétition pour l'essentiel. Ou quand des spécialisations et des échanges offraient plus d'avantages que d'inconvénients. Entre chasseurs, pêcheurs ou éleveurs et agriculteurs, par exemple, les relations pouvaient aller du mutualisme gagnant-gagnant à l'exploitation, la dépendance ou l'esclavage.
À l'heure de la mondialisation, de populations croissantes, surarmées, consommant de plus en plus, la compétition pour les ressources est plus aiguë et dangereuse que jamais dans un monde fini. Il n'y a, sous peine de catastrophes extrêmes, plus de place pour des cultures agressives ou prosélytes, qui se veulent hégémoniques et refusent le partage plus équitable et une utilisation durable des ressources naturelles et des produits humains. Ces avancées ne pourraient être réalisées que par une gestion globale et équitable, que les égoïsmes des individus, des États-nations et des mondes de la finance et du commerce rendent aussi improbable qu'urgente...

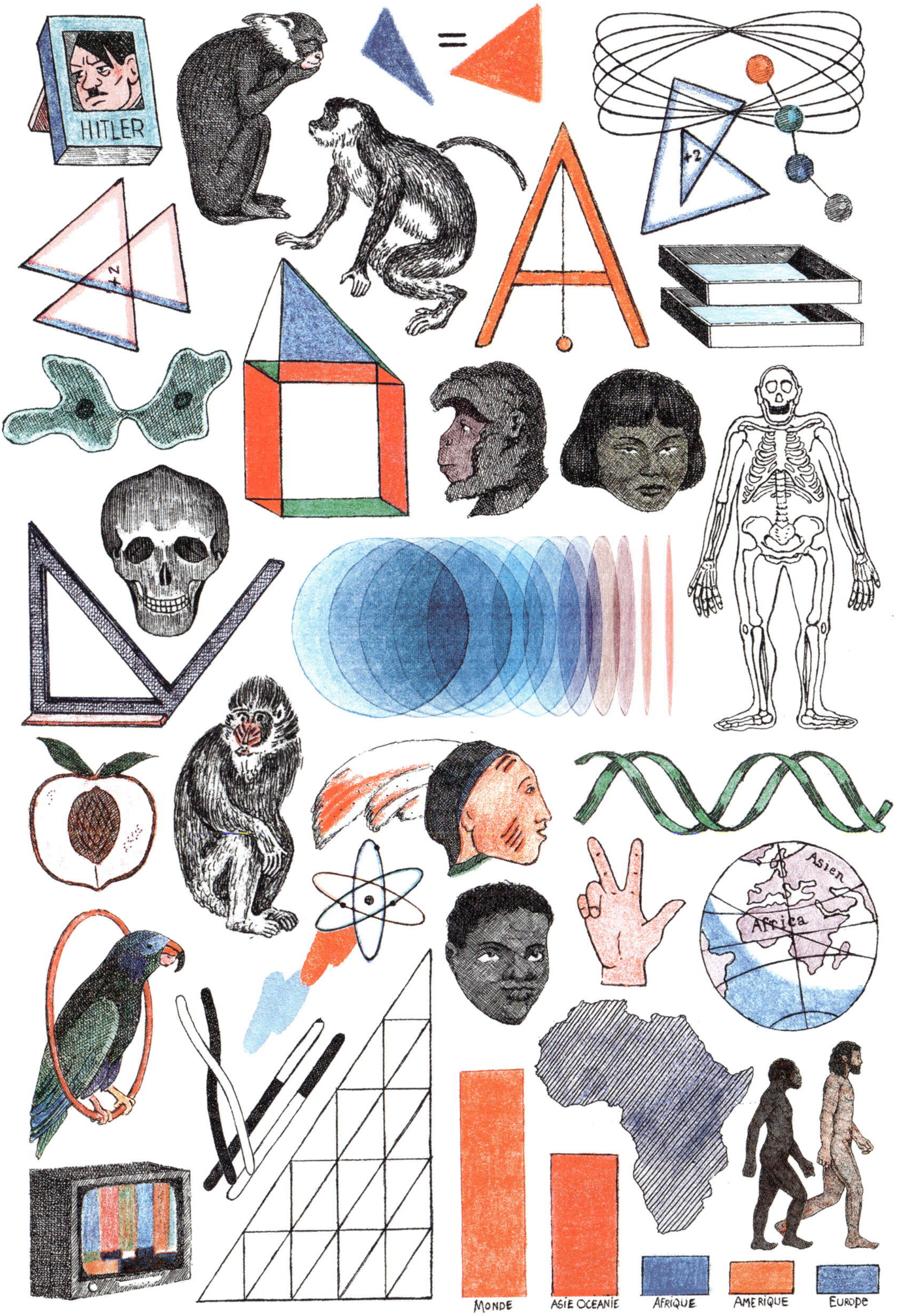
HITLER
+2
+2
Asien
Africa
MONDE
ASIE OCEANIE
AFRIQUE
AMERIQUE
EUROPE

-

SYLVIANE AGACINSKI

-

PHILOSOPHE ET PROFESSEUR À L'EHESS

Sylviane Agacinski, brillante, nous raconte d'abord joliment l'histoire du concept de musée qui dès Ptolémée Ier associait l'étude de tout et son débat aux collections quand elles étaient possibles. Puis, en venant au musée de l'Homme et à son principe fondateur où la très belle notion de responsabilité associe parfaitement, sous son regard, collections, études, et résistance active à la barbarie (réseau du musée de l'Homme de 1940), elle montre, avec l'élégance de la pensée qu'on lui connaît, les liens naturels et culturels qui interagissent chez l'Homme en permanence et dont le futur musée de l'Homme doit être le reflet ; quant à la destinée de l'Homme qui peut tristement se réduire à un produit d'auto consommation – se fabriquant lui-même pour se vendre –, elle peut heureusement aussi se poursuivre dans une perspective de nouvelles cultures, riches de nouvelles libertés, assorties bien sûr de leurs limites sans lesquelles la dignité ne pourrait survivre.

YC

VERS L'HUMAIN

L'HOMME MUSÉAL

Un musée de l'Homme est une chose bien étrange. Nous visitons aujourd'hui des musées de toutes sortes. Aucun genre d'objets, de choses naturelles ou artificielles, aucune pratique, aucune tradition n'échappe au musée. Tout, sans exception, est collectionné, étudié, classé, exposé : œuvres d'art, objets techniques, objets sacrés, outils, machines, objets usuels, végétaux et animaux.
Mais l'homme ? En quoi se prête-t-il à cette institution. Peut-il s'y présenter sans se laisser objectiver, et perdre ce qui est en lui non représentable ? S'il est vrai qu'il existe une « grandeur indéfinissable des commencements [1]», interrogeons un instant deux des grands moments de l'histoire du musée : la naissance du *Mouseion* à Alexandrie, sous Ptolémée Ier, et la création des musées par la France des Lumières et de la Révolution.
On sait que le *Mouseion* (qui donnera *museum*) créé sous Ptolémée Ier, était un sanctuaire consacré aux Muses, c'est-à-dire à tous les « arts » (y compris la géométrie, l'astronomie, la musique, la poésie, l'histoire). Ce vaste ensemble comprenait la fabuleuse bibliothèque

1 L'idée que l'on accède à la vérité de l'homme dans ses grands commencements se trouve notamment chez Rousseau, Lévi-Strauss et Heidegger.

d'Alexandrie, un jardin botanique, un jardin zoologique et un établissement consacré à l'étude, hébergeant une communauté de savants venus du monde hellénistique. Cette institution s'inspirait du Lycée d'Aristote et visait l'élaboration d'un savoir universel.
Ce grand commencement laisse entrevoir la source philosophique d'une ambition muséale dont l'esprit de l'*Encyclopédie* a ranimé la flamme. C'est Diderot qui traça le plan d'un établissement appelé « Muséum central des arts et des sciences », ouvert au public, devant rassembler des sociétés savantes et contenir un Cabinet d'Histoire naturelle, une Bibliothèque et diverses collections. Ce vaste projet, précédé par le British Museum, inspira la création du Louvre « musée national de l'Art » par l'Assemblée constituante en 1791, et le Muséum national d'histoire naturelle en 1793.
Bien entendu, la nouveauté n'est pas dans l'accumulation de collections d'œuvres d'art, mais dans leur destination : publique et éducative. Le contexte de la Révolution française donne une dimension supplémentaire à l'institution muséale : celle de la sauvegarde des œuvres d'art au nom d'un passé historique réapproprié par la nation. Face à la fièvre révolutionnaire destructrice des symboles et monuments de la féodalité et du christianisme, à l'iconoclasme et au « vandalisme » (mot créé pour la circonstance par l'Abbé Grégoire), des commissions *ad hoc* proposèrent d'inventorier et de sauver de la disparition les « ouvrages de génie », au nom de leurs valeurs artistique, historique et éducative. Le patrimoine, une fois destiné au peuple et porteur de la mémoire nationale, devenait digne de respect et de protection. Avec Vivant Denon, un peu plus tard au Louvre, le patrimoine devenait universel — grâce aux pillages pratiqués par l'armée impériale.
L'extension de l'idée de patrimoine et l'ambition de récapituler l'histoire humaine en collectionnant l'ensemble de ses grandes œuvres appartient ainsi à une époque où la France se considère comme l'incarnation du progrès de « l'esprit humain ».
Cette ambition est encore présente dans le célèbre ouvrage d'Aloïs Riegl *Le Culte moderne des monuments*, qui fait reposer le culte

nouveau de la conservation sur la mémoire, d'abord particulière et nationale, puis étendue à tous les peuples. «Chacun des membres de l'humanité, écrit-il, est une partie intégrante de nous-mêmes.[2] »Ce «nous-mêmes» apparaît aujourd'hui problématique, du moins s'il implique l'idée d'une réappropriation et d'un inventaire qui ferait de toute culture un chapitre de notre mémoire.

Outre qu'il met en évidence ce qu'il appelle la «valeur d'ancienneté», phénomène ancien mais notion nouvelle, Riegl décrit un sentiment qui nous anime encore, et même plus que jamais: celui de notre responsabilité à l'égard des œuvres humaines de toutes origines, auxquelles s'ajoute le devoir de préserver la nature elle-même. Selon Riegl, «l'homme moderne» (et particulièrement «les peuples germaniques»), prenant conscience que tout ouvrage et toute espèce, végétale et animale, est voué à la dégradation et à la disparition, se sent légataire du monde et éprouve un «devoir de protection» à son égard.

Ce même sentiment de responsabilité animera le musée d'Ethnographie du Trocadéro (MET, en 1878), sauf qu'il s'agit alors de conserver «l'histoire des mœurs et des coutumes des peuples de tous les âges», à un moment où la colonisation défigure les cultures locales.

On peut se demander si le musée de l'Homme, qui succède au MET en 1937[3], ne témoigne pas du doute obscur qui plane sur le destin de l'homme en général, d'autant que la Première Guerre mondiale a troublé la confiance des Européens en la supériorité de leur civilisation. « L'Homme » était-il en train de s'accomplir, ou de décliner? D'autre part, le rôle joué dans la Résistance par le réseau du Musée de l'Homme à partir de 1940 montre aussi, me semble-t-il, que, pour la recherche anthropologique en France, la question de l'homme comporte aussi une dimension philosophique. Le sens de

2 Aloïs Riegl, *Le Culte moderne des monuments* (*Der moderne Denkmalkultus*, 1903), trad. D. Wieczorek, Le Seuil, Paris, 1984, p. 51.
3 Musée de l'Homme, fondé à Paris en 1937 par Paul Rivet.

l'« humanité », disons de l'*humanitas* dans sa dimension morale, au sens large du terme, est également en jeu. Au-delà de leur recherche sur l'homme dans son unité et sa diversité, les anthropologues ont aussi assumé la responsabilité du sens de l'humanité face à l'occupant, c'est-à-dire face à un ennemi représentant une forme inédite de barbarie.

La question de « l'être humain » est ainsi celle de l'humain et l'inhumain (dont seul l'homme est capable).

Avant de revenir sur une exigence que, faute de mieux, j'appellerai éthique, parce qu'elle fait appel à notre responsabilité ici et maintenant, j'évoquerai certains aspects de la rupture de l'anthropologie avec l'ancienne idée d'espèce humaine.

UNE ESPÈCE ÉVOLUTIVE : HISTOIRE ET PRÉHISTOIRE

Un sanctuaire de « l'esprit humain », tel qu'on l'imaginait au siècle des Lumières, ne pouvait pas donner l'idée du musée de l'Homme. Entre les deux, une nouvelle version de l'homme s'était dessinée, issue de la découverte de l'évolution et des progrès scientifiques (paléontologie, préhistoire, anthropologie) complétés par ceux de l'ethnologie, de la biologie, de la neurologie.

Depuis les découvertes de Darwin, l'espèce humaine, sans modèle originaire et sans fin programmée, apparaît comme le produit de processus sélectifs naturels préhistoriques et de transformations liées aux techniques et aux institutions humaines.

André Leroi-Gourhan a pu ainsi parler d'une évolution vers l'homme, à partir d'espèces non humaines. Dans la période préhistorique, la plasticité des structures cérébrales et celle de la charpente corporelle de nos lointains ancêtres auraient agi lentement l'une sur l'autre et conduit jusqu'à l'homme, avec le corps et l'intelligence que nous lui connaissons. Mais, une fois acquis certains de ses traits principaux (station debout, fabrication d'outils, langage, hyper-socialisation), il a continué à changer ! En bouleversant l'organisation sociale,

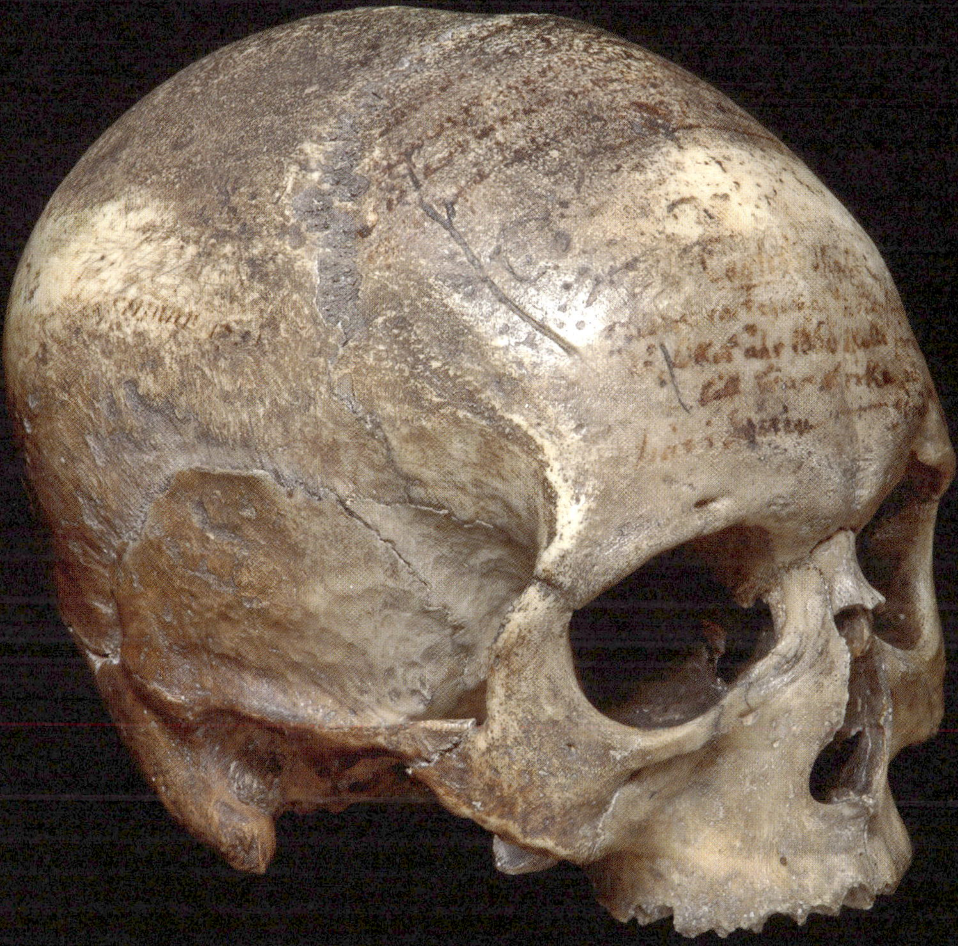

Crâne de Descartes

remarque l'archéologue-ethnologue, certaines innovations techniques affectent les conduites et les relations humaines. Avec le développement des machines entre le XVIIIe et le XXe siècle, par exemple, les rapports sociaux se sont profondément transformés. De tels changements n'opèrent pas nécessairement un remodelage des organismes individuels, mais ils modifient suffisamment « l'organisme collectif » et les relations entre les hommes pour que l'on puisse penser que l'espèce n'est plus tout à fait la même. André Leroi-Gourhan écrit cette phrase, peut-être provocatrice : « L'humanité change un peu d'espèce chaque fois qu'elle change à la fois d'outils et d'institutions.[4] » Cet énoncé audacieux suggère que l'espèce humaine est en constant devenir, en raison de son mode de vie (équipements, mode de production, régime alimentaire, etc.) mais aussi des mutations qui touchent son organisation sociale, ses institutions et ses valeurs. Darwin déjà considérait que l'évolution de l'homme n'était plus simplement gouvernée par la sélection naturelle, puisqu'elle avait conduit à l'institution et à la transmission de valeurs, comme le respect d'autrui, modifiant la logique de la sélection naturelle.

Ainsi, l'humain ne désigne-t-il pas une espèce, au sens strictement biologique du terme, mais toujours un mode de vie, une culture, des institutions, autrement dit un lien entre les hommes, et non en eux. Il est donc vain d'opposer chez l'homme la nature et la culture (intellectuelle, technique ou morale – au sens des mœurs). Les deux plans sont en constante interaction l'un avec l'autre. Être humain signifie avant tout vivre les uns avec les autres sur un certain mode, et le mot « être » doit s'entendre comme un verbe plutôt que comme un substantif.

Cette manière humaine du vivre ensemble résulte, dans toute culture, du fait que les hommes sont des vivants qui parlent entre eux. Que l'on oublie l'un des deux phénomènes — le vivant ou le

4 André Leroi-Gourhan, *Le Geste et la Parole*, Albin Michel, Paris, 1965, volume II, p. 50.

langage – et l'on manque l'être humain, cherchant sa voie entre les valeurs vitales et les valeurs qu'il institue. Le langage lui-même est lié au développement cérébral de l'homme, mais c'est là un domaine de recherche relevant de la neurologie.

LA FIN DE L'ANTHROPOLOGIE DUALISTE

Le discours anthropologique classique (d'origine théologique et métaphysique) se caractérisait par une ontologie dualiste : l'humanité semblait une espèce naturelle par son corps, dotée d'une raison (intellect ou esprit) capable de le soustraire au règne « animal ». Cette anthropologie « humaniste » soutenait ainsi « la thèse de l'exception humaine[5] ». Chaque être humain n'en paraissait pas moins clivé entre « animalité » et « humanité », entre sa part naturelle et sa part spirituelle, ou rationnelle. Ce schéma dualiste en gouvernait d'autres : entre le sauvage et le civilisé, et même entre la femme et l'homme. Chaque opposition hiérarchique se fondait sur le manque de raison (ou de son usage) du premier terme par rapport au second. La remise en cause du « grand partage[6] » entre homme et nature, entre animalité et humanité, a ainsi ébranlé les fondements de l'anthropocentrisme, de l'ethnocentrisme, et de l'androcentrisme.
Le discours ethnologique – c'est le moment lévi-straussien – a renoncé à son ethnocentrisme spontané. Les universalismes conquérants, colonialistes, impérialistes, qui confondaient leur propre culture avec celle de l'humanité par excellence, ont laissé place à l'idée que l'humain ne se réalise pleinement dans aucune civilisation ou culture particulière, parce qu'il s'exprime également dans toutes.
Un tel décentrement ne consiste pas à oublier qui nous sommes pour adopter le point de vue de Sirius, car c'est précisément en

5 Voir Jean-Marie Scheffer, *La Fin de l'exception humaine*, Gallimard, Paris, 2007.
6 Voir Philippe Descola, *Par-delà nature et culture*, Gallimard, Paris, 2005.

croyant pouvoir adopter un point de vue absolu, hors du temps et de l'espace que nous érigeons le plus sûrement notre point de vue particulier en vérité universelle.
Un autre décentrement a été mis en évidence, grâce aux recherches menées par des femmes : la perspective androcentrique présente initialement dans les sciences de l'homme. Les chercheurs avaient en effet longtemps adopté un regard masculin (*male bias*), peu attentifs au fait que les hommes (au sens mâle du terme) s'étaient partout identifiés à l'être humain générique. Rappelons toutefois que Lévi-Strauss avait clairement souligné l'universalité de la hiérarchie entre les sexes : dans toutes les sociétés qu'il connaissait, disait-il, les femmes étaient désignées comme « le sexe dangereux[7] », et soumises à l'autorité masculine. Françoise Héritier a montré quant à elle que les deux sexes, loin d'incarner l'être humain au même titre, n'avaient, dans aucune société, la même valeur. C'est ce qu'elle appelle la « valence différentielle des sexes ». La déconstruction de l'androcentrisme a été parallèlement menée en philosophie.

VERS L'HUMAIN – OU LE POST-HUMAIN ?

Vers quoi, vers qui l'homme va-t-il s'orienter ? Comment va-t-il « tourner » ? Quelle version de lui-même va-t-il offrir demain ?
Certains théoriciens annoncent le règne de l'anthropotechnie : l'homme deviendra le concepteur de lui-même. On prédit l'avènement de trans humains, produits de la cybernétique et de l'ingénierie génétique. On rêve de remodeler la nature humaine, de créer de nouveaux prototypes humains, comme les zootechniciens créent de nouvelles variétés de reptiles pour distraire le public. Mais ces théories négligent le fait que l'humain n'est pas un « type » et s'en tiennent à une vision plasticienne de l'homme.

7 Dans un entretien avec François Jacob, en 1972 pour la télévision. Vidéo Ina.fr

Cependant, les risques d'un renoncement de l'humain à ce qu'il a cherché à devenir, à travers chacune de ses cultures, proviennent sans doute davantage du phénomène appelé mondialisation. Si l'extension des échanges marchands et l'organisation de la production à l'échelle mondiale se limitaient au seul domaine de la vie économique, ils continueraient à poser le problème de l'exploitation capitaliste. Mais on observe autre chose, à savoir l'extension progressive du domaine de la production et de celui des rapports marchands à tout le champ social. L'homme devient essentiellement un producteur et un consommateur, voire lui-même une ressource pour la production et une marchandise.

Dans ces conditions, tous les liens sociaux risquent d'être corrompus. Les cultures humaines ont toujours été créatrices de valeurs fondamentales. Elles se sont organisées autour de « quelque chose » qui inspire le respect, fonde des règles, marque des limites, impose une retenue, permet d'établir la dignité et des liens de solidarité entre les hommes. Dans des sociétés qui n'auraient plus d'autre fin que le profit, qui ne connaîtraient plus que la valeur d'usage et la valeur d'échange, que resterait-il des institutions et des valeurs fondatrices de ce que nous appelions des cultures, et qu'adviendrait-il de l'homme ?

-

GILLES BŒUF

-

BIOLOGISTE, PROFESSEUR À L'UMPC ,
PRÉSIDENT DU MNHN

Gilles Bœuf est un érudit naturaliste ; il connaît tous les êtres qui vivent ou qui ont vécu, leurs organisations en écosystèmes et leurs interrelations ; son inquiétude relative à l'action de l'Homme sur la diversité biologique - dont l'exceptionnalité patrimoniale mais aussi le rôle dans la biosphère et dans la vie, l'alimentation, l'inspiration ne sont plus à démontrer – est donc à prendre tout à fait en considération. Sans être catastrophiste, ce sont des exemples précis et des chiffres indiscutables qu'il apporte au constat « froid » de l'action de la démographie humaine galopante et du développement croissant de ses technologies. C'est en effet une facette de l'histoire de l'humanité et de ses conséquences possibles que le nouveau musée de l'Homme ne peut taire.

YC

VERS UNE SOCIÉTÉ DE COOPÉRATION ?

La Terre est datée aux alentours de 4 600 millions d'années (Ma) et la vie y est apparue vers 3 900 Ma. L'apparition de la nature, qui est l'ensemble des structures et des organisations de l'Univers, remonte donc aux origines de la Terre. À partir des fragments d'une météorite tombée en mai 1864 à Orgueil dans le Gers (France), récemment analysés, nous avons pu identifier son origine à 4 600 Ma grâce aux mesures des isotopes du chrome. Contemporaine de la mise en place du Soleil et de la Terre, cette chondrite, qui n'a jamais quitté le système solaire durant son si long périple, prend ici une valeur exceptionnelle, car c'est bien sur une géo-diversité antérieure que le vivant va se construire. Les dimensions de la Terre et sa distance par rapport au Soleil ont été des éléments déterminants dans l'apparition et le maintien de la vie sur notre planète. Toutes les cellules vivantes actuelles, quelles qu'elles soient et quels que soient les organismes, des plus anciens aux plus développés, sont constituées en grande partie d'eau liquide. Ainsi un bébé humain à la naissance est-il constitué de 75 % d'eau, notre cerveau de plus de 80 %, une méduse marine de 98 %. Et c'est bien parce que l'eau liquide est abondante sur la Terre que la vie a pu s'y développer.
Que connaissons-nous sur le nombre d'animaux actuellement décrits dans les collections mondiales ? Nous avons identifié et déposé dans les musées d'Histoire naturelle un peu plus de 2 millions d'espèces

actuelles — dont 350 000 plantes, 150 000 champignons — et estimons les animaux à 1,3 million. Au rythme actuel des descriptions, il nous faudra encore 1 000 ans pour tout identifier. Saurons-nous aller plus vite alors que les espèces disparaissent à un rythme inégalé depuis quelques siècles sous les « coups de boutoir » des humains ?

Le mot « biodiversité » (en anglais, *biodiversity*), contraction de « diversité biologique », a été créé en 1985. Ce terme est souvent assimilé à la diversité spécifique, c'est-à-dire l'ensemble des espèces vivantes, bactéries, protistes (unicellulaires), fungi (« champignons »), végétaux et animaux d'un milieu. Mais cette diversité du vivant est bien plus que la seule pluralité spécifique, incluant à la fois les espèces et leur abondance relative. La biodiversité a été définie comme étant « toute l'information génétique comprise dans un individu, une espèce, une population, un écosystème », mais nous nous attachons à la caractériser également comme étant l'ensemble de toutes les interactions entre les êtres vivants, entre eux et avec leur environnement. Il s'agit en fait de la fraction vivante de la nature !
Ainsi, la Vie a été capable de différencier depuis ses origines une infinité de formes de vie qui se sont « associées » pour construire les écosystèmes en relations étroites avec leur milieu. Sur ce laps de temps, le vivant a été capable d'élaborer largement plus d'un milliard d'espèces. Certaines sont apparues puis ont disparu quand d'autres nous accompagnent encore aujourd'hui. Durant des milliards et centaines de millions d'années, tout a évolué sous la pression des facteurs abiotiques du milieu — température de l'eau et de l'air, salinité de l'océan, lumière, rythmicité des saisons, etc. — et biotiques, compétition et relations entre espèces, facteurs liés au vivant comme la nourriture, sa composition et sa disponibilité. Après des centaines de millions d'années durant lesquelles les grands facteurs de l'environnement ont été les moteurs de l'évolution du vivant et de ses capacités adaptatives, une époque récente, dénommée « anthropocène », révèle la présence de l'humain comme étant la plus grande force évolutive sur cette planète.

Corail, *Goniastrea sp.*

Les animaux sont apparus vers 800 Ma dans l'évolution, et l'humain, qui paraît quelque part en Afrique vers 3-5 Ma, Yves Coppens le raconte par ailleurs, est issu de ce groupe. Pendant des millions d'années, les Hominidés vont adopter des comportements de cueillette et de chasse de petits animaux et tenter de survivre face aux grands prédateurs et charognards en chapardant les restes de leurs repas. Jusqu'à 50 000 ans, les humains, peu nombreux, sont eux aussi abondamment chassés par les grands carnivores prédateurs. Trois grands moments vont ensuite marquer leur « séparation culturelle » face aux animaux : la domestication du feu vers 800 000 ans (par *Homo erectus*), l'arrêt de l'exclusif nomadisme et des seules activités de cueillette et de chasse dû à une explosion démographique (seulement *Homo sapiens*) vers 12 000-10 000 ans, et enfin l'invention de la machine à vapeur vers 1784, qui le fera passer de l'ère du « cheval animal » à celle du « cheval-vapeur ». Ceci amènera Paul Crutzen, lauréat du prix Nobel de chimie en 1995, à proposer ce terme d'anthropocène, autrement dit la fraction de l'histoire de la Terre durant laquelle le plus puissant moteur de l'évolution est l'humain. À partir de la révolution industrielle et des progrès agronomiques et médicaux associés, l'humain va penser être capable de s'affranchir de la nature. Il va l'assujettir, tenter de la « dominer » et se l'approprier pour lui-même. Il s'autorise ainsi à éliminer et à détruire systématiquement tout ce qui le concurrence ou le gêne dans ses activités et son développement. Cette mentalité dangereuse, amplifiée par un sentiment d'avoir « été créé » légitimement pour cela, a conduit à cette situation actuelle très préoccupante. C'est alors que science écologique et écologisme politique évolueront parallèlement, depuis le début des années 1970.

L'érosion de la biodiversité pour des raisons « humaines et non humaines » a explosé avec deux facteurs : la démographie humaine et le cortège des activités anthropiques associées aux progrès technologiques. Au moment des balbutiements de l'agriculture, il y a quelque 10 000 à 12 000 ans, la Terre comptait environ 5 millions d'humains et toute la biomasse des humains et de leurs animaux mammifères domestiques ne dépassait pas 0,1 % du total de la masse de tous les mammifères (5 000 espèces connues), alors qu'aujourd'hui elle dépasse 90 %. La population totale est estimée à moins de 800 millions d'habitants en 1750, à 3 milliards en 1960, à 7 milliards en 2012, à 9 en 2040. Au fil du temps, d'innombrables espèces ont disparu sous la pression humaine. Les éléphants et hippopotames nains des îles de la Méditerranée ont disparu, la rhytine de Steller (la vache marine) a été totalement massacrée en mer de Behring tout comme le dodo qui s'est éteint dans l'indifférence générale sur l'île Maurice. Le pingouin arctique, l'aurochs et l'ara glauque ne sont plus. Les gigantesques moas de Nouvelle-Zélande ont été anéantis avec la même détermination qui a présidé au massacre des bisons (sauvés d'extrême justesse) à la fin du XIXe siècle ou encore à celui des pigeons migrateurs américains, si abondants à cette même époque qu'ils pouvaient noircir les cieux sur plusieurs kilomètres. Tout récemment, en 2007, le *baiji*, le dauphin du Yang-Tsé-Kiang, en Chine, a définitivement disparu, dans des eaux polluées. 52 % des individus des populations de vertébrés ont disparu durant les 40 dernières années. 50 à 90 % de tous les individus des grands poissons pélagiques ont été détruits en 15 ans par une pêche inconsidérée. Et la forêt tropicale s'en va au rythme du quart de la superficie de la France chaque année !

Les causes majeures de l'effondrement actuel de la biodiversité s'expliquent essentiellement par la destruction et la pollution des habitats, la surexploitation des ressources naturelles comme la déforestation (23 millions d'hectares au Kalimantan sur 5 ans, entre 2009 et 2013) ou la surpêche. À cela s'ajoutent la dissémination anarchique d'espèces partout sur la planète et enfin le dérèglement climatique, dans lequel l'humain a bien sa part de responsabilité avec les émissions de CO^2 de ses activités, lesquelles participent aussi à l'acidification croissante des océans, des lacs et des rivières.

Alors, « devenir humain », ce serait prendre enfin tout ceci en considération et développer une véritable conscience environnementale ! Si les ressources vivantes sont naturellement « renouvelables », l'humain empêche leur « renouvelabilité ». De fait, les seuils d'exploitation « compatible » sont aujourd'hui largement dépassés. Le cas de la morue de Terre-Neuve est emblématique : dans les années 1990, elle a disparu alors qu'il y avait eu 500 années de pêche « en harmonie » pour tous les pays riverains de l'Atlantique nord sans effondrement des stocks. Très récemment, les stocks de thon rouge ont échappé de justesse à la destruction en mer Méditerranée. En matière de gestion des ressources, nous savons désormais qu'il faudrait par exemple « laisser » quelque 30 % des poissons pélagiques — sardine, chinchard, hareng, anchois, maquereau — dans l'océan pour que la chaîne trophique ne s'effondre pas, et que l'océan continue à jouer son rôle dans une fourniture régulière de ressources vivantes pour l'humain et à assurer son rôle de régulateur du climat par sa capacité à dissoudre 30 % du CO^2 émis. En estimant les vitesses d'évolution, en tentant de prédire les trajectoires possibles et en planifiant les mécanismes, nous pourrions sans doute fortement réduire l'impact de l'humain sur les espèces et les écosystèmes, et sérieusement améliorer les coûts économiques et sociaux de nos activités sur la nature. Il n'y a pas d'agriculture durable autre qu'écologique, il n'y a pas de santé durable autre qu'écologiquement fondée. Le capital naturel ne peut indéfiniment être appauvri et nous ne pouvons pas nous passer des services rendus par les écosystèmes. L'humain a aussi un besoin profond de communication étroite avec la nature, nous l'oublions trop souvent ! Un travail réalisé en Grande-Bretagne et publié en 2008 démontre l'impact de l'accès à des parcs en ville sur les trente dernières années de vie de citadins et les différences dans les maladies contractées par rapport à d'autres populations qui en étaient privées : le retour de la « nature en ville » est primordial ! On sait aussi aujourd'hui que les vagues de chaleur et les épisodes de canicules sont bien mieux contrôlés quand une végétation abondante vient atténuer les effets des hautes températures en ville, si

délétères pour bon nombre d'habitants (15 000 morts en France durant le mois d'août 2003, 100 000 morts en Russie durant l'été 2010).

Deux activités, bien mieux organisées récemment, prennent de plus en plus d'importance : les sciences participatives d'un côté, la bio-inspiration et le bio-mimétisme de l'autre. Les sciences participatives, encore dites citoyennes, prennent un grand essor, sans précédent actuellement en France, et permettent une prise de conscience et une intensification des relations entre recherche publique et citoyens. Elles présentent le double avantage de permettre l'accumulation de données innombrables (les participatifs sont partout et tout le temps !) et aussi de responsabiliser les citoyens sur les questions environnementales. C'est ainsi que nous avons pu démontrer en 2012 l'influence du dérèglement climatique sur les migrations vers le nord en Europe de l'Ouest des oiseaux (33 km) et des papillons (114 km), grâce aux 1,5 million d'heures d'observation (!) de 10 000 participants. Le bio-mimétisme et la bio-inspiration sont une approche consistant à étudier la nature sous toutes ses formes, animaux, plantes, micro-organismes, écosystèmes, et à en tirer des développements technologiques : on s'en inspire alors afin de concevoir des matériaux, des procédés ou des stratégies novateurs au service de l'humain, moins polluants, moins consommateurs d'énergie, recyclables, plus sûrs, de meilleure qualité et à moindre coût. Léonard de Vinci ne disait-il pas déjà « Cherche tes leçons dans la nature, c'est là qu'est ton futur... » ! De fascinantes applications technologiques émergent actuellement dans des domaines très variés, en matière d'énergies non polluantes, d'agro-écologie, de matériaux et de bâtiments, de dépollution des sols, de transports, d'économie d'eau... La nature optimise les coûts, elle ne maximise jamais, elle récompense toutes les formes de coopération, recycle tout et parie sur la biodiversité ! Elle utilise l'énergie du soleil et ne produit aucun déchet. La démarche biomimétique en recherche et développement sous-entend de nous réapproprier le monde du vivant, nous inspirer des formes, des relations, des matériaux, des mécanismes offerts par son « génie ». C'est une démarche qui suppose humilité, partage et respect, valeurs sans lesquelles l'avenir de l'humanité sera bien sombre.

Ces deux activités constituent d'autres méthodes d'approche des interrelations humain-nature. Nous sommes nés d'une vie cellulaire issue de plusieurs milliards d'années. Tous les atomes d'hydrogène qui composent notre corps ont pour origine le big bang originel qui remonte à 14 milliards d'années. L'oxygène, le carbone, le sodium, le magnésium ont été fabriqués au cœur des étoiles (explosions de supernovæ) avant de se disperser dans l'espace. Nos cellules contiennent des composantes similaires à ce que l'on trouve dans l'eau de mer. Un corps humain abrite au moins dix fois plus de bactéries que de cellules humaines. Dès que nous mangeons, buvons, nous déplaçons, marchons, nageons, inhalons... nous sommes envahis de micro-organismes, bienfaisants et parfois pathogènes. Si nous sommes ainsi constitués d'atomes, d'eau et de bactéries, pourquoi alors continuer à afficher cette arrogance qui voudrait tant nous isoler de cette nature ? Quand cesserons-nous de stupidement « tuer la poule aux œufs d'or » et de détruire notre capital nature ? Celle-ci offre une fabuleuse opportunité à l'humain (et qu'il cesse d'imaginer qu'il n'en fait pas partie intégrante !), sa « renouvelabilité » ; encore faut-il pour cela qu'on lui en laisse la possibilité. Nous détruisons et surexploitons tellement que les seuils dépassés nous conduisent à une fin stupide !
Comment devenir humain ? Edgar Morin écrivait en 2010 : « *Le vaisseau spatial Terre est emporté par un quadrimoteur, la science, la technique, l'économie et le profit. Et chacun de ces moteurs est profondément ambivalent. Le probable est catastrophique, il est que nous allons vers l'abîme. Pourtant, il y a toujours eu de l'improbable dans l'histoire humaine, le futur n'est jamais joué. Le propre de la métamorphose, comme de toute création, est de ne pas être prévisible (...). Il nous manque la conscience d'humanité planétaire (...).* ». Il rajoutait en 2012 : « Homo

sapiens *est aussi* Homo demens, *il porte en lui la responsabilité du délire (...), raison et folie sont deux pôles extrêmes de la réalité humaine entre lesquels circule l'affectivité (...), plus l'affectivité s'intensifie, plus elle échappe à la raison et devient passion (...).*»
Alors, comment avoir la bonne pensée politique complexe pour notre harmonie à retrouver avec la nature? Comment accomplir cette «métamorphose pour parvenir à une conscience d'humanité planétaire»? Une prise de conscience généralisée est en cours mais suivrons-nous un rythme de changement de nos habitudes au moins aussi rapide que celui des changements environnementaux de tous ordres que nous déclenchons autour de nous? L'Homme peut-il s'adapter à lui-même? Peut-il s'accepter lui-même? Gandhi disait que l'on pouvait juger du développement d'une civilisation à la façon dont les animaux y étaient traités. Enfin, saurons-nous pleinement justifier au cours de ce XXIe siècle, après *faber* bien mérité, ce terme de *sapiens* dont nous nous sommes affublés?

-

LILIAN THURAM

-

PRÉSIDENT DE LA FONDATION
ÉDUCATION CONTRE LE RACISME

Lilian Thuram raconte l'autre ; le musée a aussi pour mission d'expliquer que l'Homme est social d'une part, incontestablement divers, dans sa personne et dans son groupe d'autre part, mais qu'un Homme vaut un Homme. Ce qui veut dire, et il n'est jamais inutile de le redire, que l'éducation de tous les enfants de la Terre doit commencer par l'apprentissage du respect de l'autre, l'autre d'ici, l'autre d'ailleurs, l'autre d'avant aussi ; il n'est pas de musée de l'Homme sans ce respect fondamental. « On ne naît pas humain, on le devient » écrit Lilian Thuram ; c'est, en d'autres termes, l'étrange paradoxe liberté et responsabilité caractéristique de la matière pensante.

YC

UN ÊTRE DE LIEN

L'être humain a besoin d'amour avant tout. Je pense, donc je suis ? Non, je ne suis pas parce que je pense, je suis avant tout parce que je suis en lien avec d'autres humains. L'Humain ne peut pas se passer des autres humains dont il dépend totalement. J'ai l'impression que parfois on oublie cette simple évidence. Personne ne se fait tout seul. Un enfant laissé seul pourrait-il survivre ?
Une certaine folie ne gagnerait-elle pas une femme ou un homme totalement seul ? Chacun de nous est le résultat de multitudes de rencontres physiques et/ou intellectuelles qui nous structurent positivement ou négativement.

Je dis souvent à mes deux fils, Marcus et Khephren, qu'à la fin il ne reste que les émotions positives ou négatives liées aux souvenirs. L'être humain est avant tout un être de lien, d'émotion.
Il m'a fallu beaucoup de questions et de réponses pour comprendre d'où viennent les stéréotypes et comment les dépasser.
Les sollicitations, les informations, les jugements des autres nous construisent, mais il faut aussi apprendre à les critiquer. Les enfants posent beaucoup de questions pour grandir, pour comprendre le monde dans lequel ils vivent ; ces questions doivent se poursuivre tout au long de notre vie pour développer notre liberté de penser. Savoir revenir sur ses certitudes est très important ; on le voit bien

Poupées de fécondité, Afrique de l'ouest

quand on remarque au cours de sa vie combien les gens qui ne doutent pas risquent de devenir dangereux. Il faut éprouver ses certitudes, avancer en remettant en chantier ce à quoi l'on croit, ce que l'on voit.

La discussion, l'échange sont pour moi la base de la connaissance humaine. Notre éducation, familiale et scolaire, nous fait trop rapidement oublier ce questionnement salutaire en tendant trop souvent à nous inculquer ce qui existait avant nous, ce que faisaient nos parents ou nos grands-parents. On nous incite à nous comporter selon des règles dont on ne nous explique que trop rarement les origines et les logiques ; et nous n'osons pas les réexaminer. Quand on dit aux enfants : «Tu fais comme ça parce qu'on fait comme ça ! » on ne leur montre pas l'intérêt d'agir de telle ou telle façon. Voilà qui n'incite pas les enfants à développer leur esprit critique, à contester les conditionnements qu'ils reçoivent. Nous sommes conditionnés par des injonctions, des règles de comportements, des habitudes qui certes favorisent la cohésion des différents groupes auxquels nous appartenons : famille, école, équipe, copains... Être parent, c'est trouver le point d'équilibre entre la liberté que l'on accorde à nos enfants et le respect de certaines normes. Cela reste difficile, car laisser place aux questionnements des enfants, c'est en même temps accepter d'être jugé par eux et d'être soi-même remis en question.

Devenir humain, devenir adulte, c'est donc apprendre à critiquer les idées toutes faites transmises par nos parents mais aussi par l'environnement. Prenons l'exemple des distinctions qui sont faites à partir de la couleur de peau ou du genre : homme ou femme, jaune, noir ou blanc. Ces distinctions ne sont pas spontanées. Les enfants, lorsqu'ils sont petits, voient des copains, pas des personnes qui ont tel genre ou telle couleur de peau. Certains enfants mais aussi bien des adultes ne savent pas que la couleur de notre peau est due à la quantité d'ensoleillement qu'elle absorbe. La mélanine que nous sécrétons est un parasol qui nous protège du soleil. Et nous avons

dans nos gènes cette information transmise par nos ancêtres. Ce sont les adultes, très souvent ignorants de l'histoire de la construction politique des catégories liées aux couleurs de peau, qui pensent encore qu'il y aurait une identité raciale.
Plus encore, notre identité ne nous est absolument pas donnée au démarrage de notre existence, elle se forge progressivement. Elle est multiple, en construction continue. Et les lieux que nous fréquentons, les personnes que nous rencontrons, les livres que nous lisons, les films que nous regardons... tout cela contribue à faire de nous ce que nous sommes. Plus encore, l'identité de chacun de nous est en perpétuelle mouvance, en continuelle transformation. Pour nous transformer, nous avons besoin d'affirmer certaines constantes successives, que nous prenons aux différents groupes auxquels nous appartenons. Car nous avons besoin de nous identifier à d'autres pour nous rassurer, nous protéger. Ce sont ces liens qui nous permettent de changer, de progresser. Le danger survient lorsqu'on ne s'identifie plus qu'à un seul marqueur identitaire, par exemple la religion. Le risque est alors grand que notre système de protection ne devienne une prison pour nous, mais aussi un geste d'exclusion de ceux qui ne partagent pas le même marqueur identitaire que nous. Nous ne devons pas rester figés dans des identités bloquées.

Ce n'est que récemment que nous avons pris conscience d'appartenir à la même humanité. Se percevoir comme appartenant à une même humanité, quel que soit notre genre ou notre couleur de peau, est une nouveauté historique. Dans les écoles où j'interviens, je fais remarquer aux enfants que ce n'est pas Christophe Colomb qui a « découvert » l'Amérique : il y avait d'autres humains avant l'arrivée des Européens sur ce continent. Les conquérants se sont interrogés sur l'appartenance ou non des « Indiens » au genre humain. Prendre conscience que tous les humains sont d'une seule et même espèce est un acquis récent et fragile, souvent encore remis en question. Bien des personnes croient aujourd'hui encore qu'il y a plusieurs races et qu'elles ne sont pas également humaines, même si le racisme prend des aspects culturels plus que naturels. Aujourd'hui un certain nombre de médias et de politiques construisent des barrières culturelles. Ce n'est que la continuité de ce que l'on enseignait encore au siècle dernier, que les humains de couleur dite « blanche » étaient supérieurs aux personnes d'autres couleurs ! Si on vous dit que vous êtes supérieur aux autres, vous aurez bien du mal à accepter qu'il en soit autrement, car c'est bien confortable !

Il en va de même pour l'égalité entre les hommes et les femmes : pendant des siècles, on a dit aux hommes qu'ils étaient supérieurs aux femmes ; n'oublions pas que le droit de vote des femmes n'a été accordé par les Français aux Françaises qu'après la dernière guerre mondiale ! La question de l'égalité s'est reposée récemment à propos des homosexuels auxquels on n'accordait pas les mêmes droits qu'aux hétérosexuels. En 2013, beaucoup de femmes, d'hommes et leurs enfants sont descendus dans les rues françaises pour rejeter un projet de loi stipulant que l'on accorde les mêmes droits aux hommes et aux femmes qui avaient une sexualité différente de la sexualité dominante.

Quand je vais dans les écoles, je demande aux enfants : « Qui est contre le mariage pour tous ? Qui est contre l'homosexualité ? » Une minorité le revendique, très déterminée. La plupart me disent que c'est à cause de leurs croyances religieuses. Quand je leur demande qui leur a transmis leur religion, ils répondent que ce sont leurs parents. Et que leurs parents l'ont eux-mêmes reçue de leurs parents. Je leur demande alors : « Et vous allez à votre tour inculquer cette religion à vos enfants ? », ils me répondent : « Oui. » À la question : « Est-il juste qu'un humain ait plus de droits qu'un autre humain ? », ils répondent : « Ben non ! » Quand je leur demande : « Ce garçon-là assis à côté de toi, est-ce juste qu'il ait moins de droits que toi ? », ils répondent : « Non ! » Je poursuis avec cette interrogation : « Si demain tu apprends qu'il est homosexuel, tu ne lui reconnaîtras alors plus les mêmes droits ? » Cet exemple simple leur permet de comprendre

Peinture sur infrabase, Papouasie-Nouvelle-Guinée

immédiatement qu'il est indispensable de penser notre humanité comme une égalité fondamentale entre tous les humains et que certains de nos conditionnements nous font oublier l'humain face à nous. Je leur propose cette réflexion : « Vous avez accepté cette religion sans la questionner et vous allez la transmettre sans la questionner davantage ? Allez-vous utiliser votre liberté de jugement ? » Puis nous réfléchissons ensemble à ce qui se passerait s'ils rentraient un soir chez eux en disant à leurs parents qu'ils vont changer de religion. Comment réagiront-ils ? « Ouille, ouille, ouille ! »
Je leur explique aussi que ceux qui descendent dans la rue pour manifester contre le mariage pour tous sont les mêmes que ceux qui manifestaient contre l'égalité entre les femmes et les hommes, entre les « Noirs » et les « Blancs ». Or quand on nie l'humanité d'une personne, on lui impose une violence qui peut aller jusqu'à souhaiter qu'elle disparaisse, qu'on la supprime. Françoise Héritier, une grande anthropologue, dit que l'Homme est la seule espèce animale où les mâles s'arrogent le droit de vie et de mort sur les femmes. Pourquoi ? Parce qu'il la juge inférieure, pas vraiment comme lui. Il veut la maintenir sous sa domination et l'y contraint même par la violence physique.

Notre devoir est d'apprendre à nos enfants à construire une vraie réflexion sur la société dans laquelle ils vivent pour qu'ils deviennent des défenseurs de l'égalité. C'est pourquoi je travaille en ce moment sur le projet d'une exposition itinérante sur ce qu'est l'être humain. Cette exposition ira à la rencontre des jeunes grâce à notre partenariat avec une association d'éducation populaire appelée Les Petits Débrouillards. Ils mettent à notre disposition des minibus qui sillonneront la France à partir de janvier 2016 en proposant une douzaine de manipulations interactives conçues pour lutter contre les stéréotypes. Cette exposition pourra être demandée par les conseils généraux, les communes, les entreprises, les clubs sportifs…

Reconnaître les différences, apprendre la tolérance, lutter contre sa propre tendance à tout référer à soi, à tout mesurer à partir de soi, se mettre à la place de l'autre. Pour ce faire, il faut aussi se rendre compte que l'histoire des luttes pour l'égalité n'est pas que celle des grands hommes et femmes que l'on retient par facilité et raccourci: Angela Davis, Mère Térésa, Gandhi, Martin Luther King, Mandela, Geneviève de Gaulle, Germaine Tillion, Nanny, reine des Marrons, Mary Prince et même Jeanne d'Arc ont réussi parce qu'ils n'étaient pas tout seuls, parce que des millions d'hommes et de femmes ont lutté avec eux. Lutter contre les inégalités n'est jamais le travail d'un individu. Il faut des millions d'hommes et de femmes pour croire en l'humain et donc le faire vivre.

Le regard que l'autre porte sur moi et que moi je porte sur lui me construit ou me détruit. Si ce regard est négatif, méprisant, il s'avère un piège qui risque de m'entraîner dans la violence envers moi-même et envers les autres, dans l'exclusion de l'autre. Donnons-nous des armes pour détruire nos hiérarchies culturelles; pour ne pas subir mais agir nos vies. Une éducation humaniste serait un des meilleurs moyens pour nous aider à contrer les discours politiques qui construisent et réactivent des catégories pour créer des « nous » et des « eux ».

Cette éducation est urgente pour développer en chacun de nous la capacité à considérer l'autre avec empathie, et ainsi exprimer notre humanité.

C'est la raison pour laquelle j'ai créé la Fondation Éducation contre le racisme, pour que nous comprenions que le racisme n'est pas naturel: on ne naît pas raciste, car le racisme a toujours été une construction politique.

-

CÉCILE AUFAURE

-

CONSERVATRICE EN CHEF DU PATRIMOINE

Quand, en 1976, j'ai monté au musée de l'Homme l'exposition Origines de l'homme, pour bien faire comprendre au public que cette histoire était la leur et éviter le choix d'un homme ou d'une femme, d'un jeune ou d'un vieux, d'un visiteur « coloré » ou « décoloré », j'avais placé, un peu en retrait, dans la dernière vitrine, un miroir ! Je le retrouve sous votre plume et m'en réjouis. « Le visiteur vient au musée de l'Homme pour se connaître » dites-vous et c'est en effet la plus belle des raisons d'être de cette Institution. Que cette introduction me permette de vous remercier d'avoir conduit une pensée claire, avec l'appui scientifique d'Évelyne Heyer, au sein d'un comité d'orientation aux propositions forcément multiples. Votre appel final à l'humanisme est à ce sujet dans la droite ligne de la pensée des fondateurs de la Maison, un hymne à l'Homme, à sa construction permanente, à son génie en même temps qu'à sa responsabilité, et à la singularité de l'humanité toute entière depuis 3 millions d'années !

YC

PRENDRE CONSCIENCE DE SA PLACE DANS LE VIVANT EN VISITANT LE MUSÉE DE L'HOMME

Nous sommes dans un musée dont le visiteur est le sujet : l'humain. C'est une des grandes originalités du musée de l'Homme : tendre au visiteur un miroir dans lequel il va découvrir le sens et la profondeur de son humanité. Un musée est peuplé d'objets inanimés, ce sont les visiteurs qui leur donnent vie à travers leurs étonnements, leurs émerveillements. Par ailleurs, ce lieu a la particularité d'être plus qu'un musée, car des chercheurs y travaillent et échangent avec les visiteurs, notamment par des débats et des rencontres.

L'homme n'est-il pas l'objet de toutes les curiosités et de multiples questions ? Celles, fondamentales, qui nous ont précisément servis à construire le parcours de la galerie de l'Homme : Qui sommes-nous ? Qui sont les premiers Hommes ? Sommes-nous si différents des autres espèces ? D'où venons-nous ? Où allons-nous ? L'espèce humaine peut-elle un jour s'éteindre ? D'autres, en apparence plus anecdotiques, mais non moins importantes pour comprendre notre identité d'humains : sommes-nous les seuls à fabriquer des outils, à créer des œuvres d'art, à avoir conscience de la mort, à vivre en société, à communiquer ?

À nous d'apporter des réponses pour permettre au visiteur de construire, pièce par pièce, une image de son humanité au fur et à mesure de sa déambulation.
Nous avons choisi de rappeler d'emblée au visiteur que l'Homme n'est qu'une espèce parmi des millions d'autres à vivre sur Terre. On le remet en quelque sorte à sa place, dans une position humble, en l'intégrant à l'ensemble du vivant.
À cet égard, rappelons que le musée de l'Homme se situe dans la continuité de la galerie de Paléontologie et d'anatomie comparée et de la grande galerie de l'Évolution du Muséum d'histoire naturelle, dont il constitue aussi un des sites. Il est donc à la fois naturel et indispensable d'inscrire l'Homme au milieu des autres espèces, de montrer les interactions permanentes avec son environnement qui marquent son évolution, puis de le mettre en face de ses responsabilités, surtout en ce qui concerne l'avenir de la planète.

Ce voyage du visiteur à la découverte de son humanité se déroule en trois actes. La première partie du parcours, « Qui sommes-nous ? », commence par une interrogation sur ce que serait le propre de l'Homme. Très volontairement, les premières présentations auxquelles est confronté le visiteur placent les éléments humains (moulages, ossements, préparations anatomiques) parmi un foisonnement d'espèces animales, bousculant une position trop anthropocentrée, pourtant inévitable au musée de l'Homme. La deuxième partie du parcours, « D'où venons-nous ? », nous permet de comprendre que notre humanité est le résultat d'un long processus évolutif, comme c'est le cas pour l'ensemble des espèces vivantes.
Dans la droite ligne de la volonté de Paul Rivet, le fondateur du musée, et de Jean Zay, le ministre de l'Éducation nationale du Front populaire, tous deux profondément partisans et artisans d'une démocratisation de la transmission du savoir dans les années 1930 lorsque fut créé le musée de l'Homme, nous essayons de favoriser la prise de conscience, la réflexion, dans un espace de science et de société à la vocation pédagogique affirmée et ouverte au plus grand nombre.

Moins ancré sur les civilisations et les cultures matérielles qu'il pouvait l'être lorsque ses collections d'ethnographie occupaient le devant de la scène avant leur transfert au musée du Quai-Branly et au MUCEM, le musée de l'Homme aujourd'hui met l'accent sur le lien indéfectible entre l'Homme et son environnement tout au long de son histoire évolutive. La nature et l'histoire de l'Homme y sont traitées en englobant tout ce qui interagit sur son évolution : son milieu naturel, son milieu social, son milieu culturel. Dérouler le fil de cette évolution, c'est en effet mettre en évidence comment, depuis toujours, l'Homme et les sociétés humaines à la fois s'adaptent à leur milieu, le transforment et sont eux-mêmes transformés par leur environnement. Ce sont les équilibres relatifs de ces interactions qui se modifient au cours du temps et qui varient fortement en fonction des sociétés.
Parallèlement s'exprime à travers des objets de collection exceptionnels le génie propre à l'Homme, dont il faut aussi restituer la mesure. Nous sommes là sur un autre registre, où l'émerveillement et la contemplation sont de mise. Nous montrons par exemple des représentations préhistoriques qui figurent parmi les plus anciennes œuvres d'art de l'humanité, dont notre « Joconde » : la Vénus de Lespugue.

Après ce moment suspendu dans le temps et dans l'espace, qui prend la forme d'un «écrin parenthèse» au centre du parcours chronologique, le visiteur reprend le fil de l'évolution, pour aborder le moment le plus radical et le plus singulier de toute l'histoire humaine : la domestication du vivant. Jusqu'au Néolithique, l'Homme a un impact limité sur la nature et le monde animal. Il est essentiellement dans un processus d'adaptation et de sélection de ressources. Cette relation change fondamentalement il y a 10 000 ans. Les Hommes, portés par la concomitance d'une expansion démographique et d'un réchauffement climatique qui modifie leur environnement et accroît les ressources disponibles, entament un processus d'appropriation et de transformation des ressources. Très variable selon les environnements et les sociétés, ce phénomène qui est aussi d'ordre culturel, conduit néanmoins la quasi-totalité de l'humanité à un nouveau mode de développement dont les conséquences vont être considérables. Le musée s'attache à expliquer ce basculement, ce changement de relation avec la nature : un phénomène fascinant profondément ancré dans l'histoire humaine puisqu'il s'est effectué indépendamment dans six régions du globe, les foyers de la néolithisation. C'est le début de l'anthropisation de la planète, qui s'amplifiera encore avec la mise en place des grands empires, l'industrialisation puis la colonisation et connaîtra une accélération considérable à partir des années 1950. Or ce développement effréné pose aujourd'hui problème, menaçant l'avenir de notre espèce sur la planète, ou à tout le moins l'avenir de son modèle de développement.

C'est pourquoi on ne peut poursuivre le processus « devenir humains » sans aborder les responsabilités de notre humanité aujourd'hui : « Où allons-nous ? » alors que l'Homme est devenu la principale force agissant sur la planète, quel est l'avenir de l'espèce humaine et des sociétés humaines ? Il existe toujours, malgré la mondialisation, un panel très varié de sociétés et de relations à l'environnement, dont les identités culturelles restent très différenciées. Les collections issues des collectes des chercheurs du musée de l'Homme le montrent bien à travers des exemples d'objets témoins : comment, par exemple, ces symboles de la mondialisation que sont les téléphones portables s'insèrent dans des étuis qui incarnent, par leurs matériaux, leurs couleurs et leurs motifs, la persistance de la diversité culturelle ; comment aussi des matériaux issus d'autres sociétés sont incorporés dans des formes artisanales traditionnelles. Néanmoins, la mondialisation impose à la quasi-totalité de ces sociétés d'intégrer ce modèle de la domestication systématique du vivant et des ressources de la planète initié il y a 10 000 ans. Or, dès le Néolithique, des effets négatifs des nouveaux modes de vie ont impacté l'évolution biologique de l'Homme

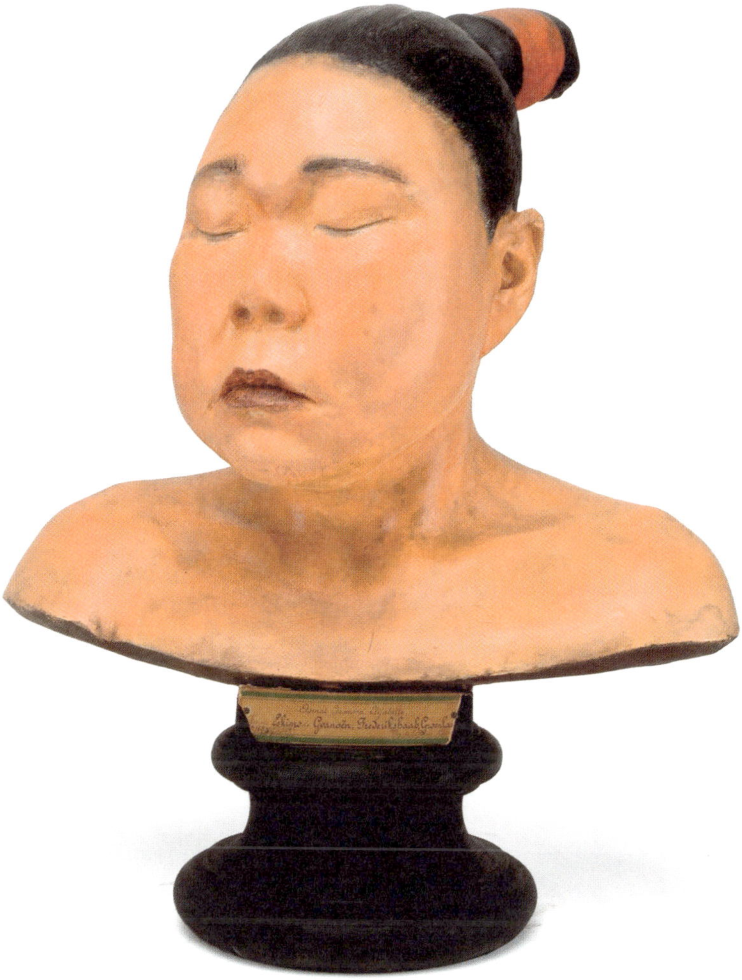

BUSTE D'ÉLÉONORA ÉLIZABETTE ASÉNAT, PLÂTRE PEINT, JEAN-BENJAMIN STAHL, 1856

Alors que la photographie était encore naissante, le Muséum national d'histoire naturelle constitua au milieu du XIXe siècle, une extraordinaire collection de bustes moulés sur le vivant, véritable enregistrement de la diversité humaine à travers le monde. Ajoutant à l'intérêt de cette image, le récit par Chojecki (1857) du voyage dans les mers du Nord organisé par le prince Napoléon en 1856 nous décrit en détail la séance de moulage de cette femme inuit.

(régression de la taille, apparition des épidémies, accroissement des conflits), mais ils ont atteint aujourd'hui ce qui peut nous apparaître comme un point critique avec la modification du climat, la raréfaction des ressources en énergies fossiles, les pertes de biodiversité, qui impactent déjà ou vont impacter dans un avenir proche notre bien-être, les modèles socio-économiques et, peut-être, notre propre pérennité en tant qu'espèce.
Pour revenir à la question posée par le manifeste, l'humanité ne peut se penser de façon linéaire. L'humain est un être inachevé, en perpétuelle construction, il a besoin du regard des autres et d'un regard sur lui-même pour se réaliser.

Si l'on naît humain biologiquement, on devient un humain individuellement, socialement et culturellement dans un ensemble qui englobe les autres humains mais aussi l'environnement naturel. On ne doit pas s'extraire de cet ensemble mais essayer de vivre en symbiose avec lui, dans une approche solidaire qui préserve sa diversité, qu'elle soit humaine ou biologique. C'est ce que nous dit le musée, c'est son côté militant. N'oublions pas qu'il a été imaginé dans les années 1930, à une époque où florissaient les théories racialistes et racistes. Paul Rivet, son créateur, militait pour une égalité de valeur entre les humains. Il avait fondé le Comité de vigilance des intellectuels antifascistes, avec le philosophe Alain et Paul Langevin, en 1934. Si les enjeux auxquels avaient alors affaire les fondateurs du musée de l'Homme ne sont plus les mêmes, la démarche militante d'une éducation à l'humanisme est toujours d'actualité dans ce musée si singulier.

VÉNUS DE LESPUGUE, GROTTE DES RIDEAUX (HAUTE-GARONNE), IVOIRE DE MAMMOUTH

C'est LA femme du musée de l'Homme, l'un des tout premiers chefs-d'œuvre dans une histoire mondiale de la sculpture, dont la cassure accidentelle au moment de sa découverte n'enlève rien, voire ajoute, à sa perfection plastique. Bien que découverte après la naissance du cubisme, cette vénus de 28 000 ans suscita l'admiration de Picasso, qui en possédait deux répliques.

L'éditeur remercie chaleureusement Anne Roussel-Versini, responsable des éditions du Muséum national d'Histoire naturelle pour sa précieuse collaboration sur cet ouvrage.

Ce manifeste, publié à l'occasion de la réouverture du musée de l'Homme, réunit des personnalités fortement engagées dans la réflexion qui a conduit à sa refondation.
Les objets présentés proviennent des collections du musée de l'Homme.

Coordination éditoriale : Caroline Calvignac
avec l'aide précieuse d'Anne Roussel-Versini
Mise en page : Louise Cand et Marine Berthelot
Fabrication : Angélique Florentin
Relecture : Isabelle Warolin
Illustrations: Camille Chevrillon

-

Crédits :
p. 6 © Collège de France/ P.Imbert ; p. 15 © M.N.H.N/JCDomenech ; p. 21 © M.N.H.N/JCDomenech ; p. 31 © M.N.H.N/Daniel Ponsard ; p. 47 © M.N.H.N/Daniel Ponsard et JCDomenech ; p. 61© M.N.H.N/JCDomenech ; p. 69 © M.N.H.N/JCDomenech ; p. 73 © M.N.H.N/JCDomenech ; p. 81 © M.N.H.N/JCDomenech ; p. 85 © M.N.H.N/JCDomenech ; p. 91 © M.N.H.N/JCDomenech ; p. 95 © M.N.H.N/JCDomenech ; p. 101 M.N.H.N/Daniel Ponsard ; p. 111 © M.N.H.N/Daniel Ponsard ; p. 119 © M.N.H.N/JCDomenech ; p. 129 © M.N.H.N/JCDomenech ; p. 133 © M.N.H.N/JCDomenech ; p. 141 © M.N.H.N/JCDomenech ; p. 143 © M.N.H.N/Daniel Ponsard.

-

Achevé d'imprimer en juillet 2015 sur les presses de l'imprimerie Corlet à Condé-sur-Noireau, N° 173668, France, pour le compte des Éditions Autrement, 17, rue de l'Université, 75007 Paris.
Tél. : 01 44 73 80 00. Fax : 01 44 73 00 12.
N° d'édition : L.69EHAN001044.N001
ISBN : 978-2-7467-4239-0
Dépôt légal : septembre 2015.